あなたは人生に感謝ができますか？

エリクソンの心理学に教えられた
「幸せな生き方の道すじ」

児童精神科医
佐々木 正美
Masami Sasaki

kokoro library
講談社

はじめに

私は子どもの精神科の医師です。東京大学精神科や東京女子医科大学小児科、横浜市の小児療育相談センターなどで、四〇年以上、臨床医として働いてきました。多くの子どもとその家族に会い、そして、お話を聞いてきました。

私に児童精神医学を教えてくださった指導教授のひとり、カール・クライン教授は、「子どもとその家族の言葉に耳をかたむける。そのことに全力を尽くす。それが臨床の基本であり、すべてだ」とおっしゃっていました。

本当にそのとおりだと思います。四〇年以上の臨床生活を通じて、私のしたことのほとんどは、子どもとその家族の話を聞くことだったように思います。彼らの話を聞き、私にお話しできる少しのことを話す。そういうつながりのなかで、私はむしろ、彼らから学ぶことのほうが多かったようにも思うんです。子育てについて、そして人生について、多くのことを教えられてきました。

精神分析家エリク・H・エリクソンは、「患者さんから与えられるものに感謝できる治療者が、はじめて、患者さんから感謝されるような治療が可能なのだ」と言いました。この言葉にも、深く共感することができます。子どもとその家族に人生を学ばせてもらったことに感謝し、私にできるかぎりの治療や援助をしようと、日々、こころがけてきました。

私は子どもとその家族の悩みを理解しようとするとき、おりにふれて、このエリクソンの考えを参照してきました。とくにライフサイクル・モデルという理論をよく用いました。エリクソンは、豊かな臨床経験にもとづく研究をとおして、人間が乳児期から老年期まで、生涯を健康に幸福に生きていく道すじを描き出しました。幸せな生き方のモデルです。それがライフサイクル・モデルです。

このモデルが示す道すじを参照すると、私のところに相談にきた子が、いつどのようにその道からそれてしまったのか、みえてくるんですよね。その子の人生をみつめなおすこと、人生の築きなおしを考えていくことができる。私は子どもとその家族、そしてライフサイクル・モデルに、人生を教えられたんです。

私はいま七七歳になり、人生の晩年をむかえています。人生を振り返る時期がきたことを実感しています。近年、私は執筆や講演を依頼されると、これまでに子どもたちとその家族、そしてエリクソンに教えられたことを、私なりの言葉で、ひとつの人生論としてお話しするんです。人生とはなにか。幸せとはなにか。多くの方々から教えられたことを、お伝えしたいと思っているんです。

この本は、その思いを形にしたものです。私はこれまでに、何冊もの育児書を書く機会に恵まれました。そういうときにもしばしば、ライフサイクル・モデルを紹介してきました。エリクソンの示した乳幼児期の健全なすごし方は、育児の基本と言ってもいいものだからです。この本ではその育児論に加えて、思春期・青年期以降の、大人としての人生もお話ししています。私にとってははじめての人生論です。私なりの言葉でお話しするものですから、エリクソンの理論の、厳密な解説書ではありません。そのことはご理解ください。

子どもたち、その家族、そしてエリクソンや多くの先生たちから教えられた、幸せな生き方を、彼らへの感謝をこめて、お話しします。

目次

第三章　母に愛されて、こころが生まれる ——乳児期

第九章　過去と未来をつなぐ架け橋になる――壮年期

装丁　小林はるひ
カバーイラスト　ＥＡＳＴＮＩＮＥ／アフロ
本文レイアウト　南雲デザイン
編集協力　オフィス２０１

プロローグ

「もう、いつ死んでもいいですね」

数年前のある朝、家内がベッドでひとりぽつんと体を起こし、なにを思ったか急に、「もう、いつ死んでもいいですね」と、そう言ったんです。

一瞬、私はどきっとしました。でもその「もう、いつ死んでもいい」というのは、「早く死にたい」という気持ちとは反対のものだと、すぐにわかりました。

私たちはその前の晩、テレビのBS放送で、世界遺産の映像をみていました。各地が紹介されていたんです。私たちは海外旅行が好きなので、そのうちのいくつかは実際に現地を訪問していました。旅行会社が企画する海外旅行というのは、だいたいそういうところをみに行くんですよね。それで私たちも、フランスのモンサンミッシェルには行った、ここにも行ったという話をしていました。

テレビ局が各地の世界遺産をきれいに撮影して、映像としてみせてくれる。それをみながら、言われてみればそうだった、ああだったと、楽しくおしゃべりをしていました。だからでしょう。そのあと床についたときには、かなり満足感がありました。

その翌朝、家内が「もう、いつ死んでもいいですね」と言ったんです。ふと考えてみれば、自分の人生は幸せだったんじゃないかなという、そういう気持ちでしょう。家内がそう思っているのだということが、隣にいて感じられました。「早く死にたい」という気持ちとは、ちょうど反対の感情です。

その言葉を聞いて、ほっとした

こんな幸せがいつまでもつづくはずがない。でも、いつ死んでもいいかもしれない。大きな不満や悔いが残るような人生ではなかったと思う。それくらいの気持ちでしょうね。

できることなら、こんな幸せがもっとつづくのなら、このまま幸せでいたいという気持ちは、当然あるわけです。でも、いま死んだら悔いが残るとか、不足がたくさんあるとか、そういうことではない。だから家内は「いつ死んでもいいですね」と言ったんです。

ほっとしました。

私も、早く死にたいわけではないんです。しかしひどく心残りだというわけでもないんです。家内もそう感じていることがよくわかりました。それはエリクソンの言った、老年期の健康で幸福なこころのあり方そのものでした。

家内に「いい老年期じゃないか」とは言いませんでしたけどね。でも、はたにいて、はっきりそう思っていました。

しかしその夏、慢性骨髄性白血病と診断されて

ところがその年の夏、高齢者健診をきっかけに、私が慢性《まんせい》骨髄性《こつずいせい》白血病《はっけつびょう》にかかっていることがわかりました。健診によって、病気の疑いがひじょうに強いことがわかり、検査をくり返した結果、確かにそうだと診断されたのです。

疑いを指摘されたとき、家内はびっくりして、家庭の医学の本で、病気のことを調べたようです。私に「血液のがんですね」と言いました。

「そうだね」と答えました。「昔だったら大変なことだった。血液の病だから、手術でとりさるわけにいかない。昔は、一〇〇人が一〇〇人とも、そう遠くないうちに亡くなる病気だった。ぼくが学生のころはそうだった。いまでも、急性の白血病はたいへんなことが多くある。でも、ぼくの場合は慢性だから、ゆっくり進行していく。血液のがんには違いないけれど、そういう白血病だから、そして、いい薬もできているから」と、そう言いました。

「しばらく生きていてくれなきゃ困ります」

家内は、「いつ死んでもいい」なんて言っていたのを忘れたようで、今度は私に「しばらく生きていてくれなくちゃ困る」と、そう言いました。それは、どちらも本心です。どちらも本心ですよね。

家内はいろいろと、家庭の医学の本を読みといているようです。付せんがあっちこっちにつけてあるのをみました。

勉強しているんだな、と思いました。調べれば調べるほど、そう楽観していられる病気でもないということがわかってきました。でも、それは仕方がないことです。七五歳をすぎ、いわゆる「後期高齢者」になってくれば、いろいろなことが起こるものです。

私は、家内が「いつ死んでもいい」と思ったのは、素晴らしいことだと思います。いっぽうで、「しばらく生きていてくれなきゃ困る」というのも、本心でしょう。

病気がわかったとき、家内はそういう複雑な感情をもっていました。あるときには、自分の人生がこれで終わりになっても、そう思い残すことはないと思いながら、別のときには、こういう幸せがもう少し、あるいは、できればより長く、つづいてもらいたいという気持ちもあるんでしょう。複雑な感情です。

いま私は、自分の人生にはっきりと感謝ができる

病気の疑いがわかってから数日後、ある勉強会に参加するため、家を出ようとしたときのことです。家内が玄関まで見送りにきてくれました。そして「あなた、うつ病にならないで」と言ったんです。

「別にならないよ。いい人生を与えられたと思っているし、これですぐに命が終わるとも思っていない。そんな心配はしていない」と答えました。

家内はそのとき、自分がちょっとしたうつ病みたいになりそうな気持ちだったのかもしれません。そんなことを、ちらっと言っていました。

私は自分が白血病だということを知ったとき、まず、学生時代に習った白血病のイメージを思い浮かべました。そのころ白血病といえば、早いか遅いかの違いこそあれ、ほぼ一〇〇パーセントたすからなかった病気です。そういう時代の医学を勉強した、四十数年前の記憶がありましたから、重い病気だと認識しまし

た。でも、私はその後の医学の進歩も知っているわけです。インターフェロン、骨髄移植、そういったさまざまな方法がある。すっかり治すことはできなくても、病気をおさえたまま何年も何年も生きることができるという、実例がたくさんあるわけです。

病気だとわかる前から、じわじわとやせてきていました。体力は衰えてきていたんです。ある種の衰えを、急に感じるようにはなっていました。けれども、ひどい苦しみはないわけです。だからよけいに、楽観的でいられるのかもしれません。しかし、人生の晩年になったなと思います。

私は、老年期としては、幸せな人生のなかにいると思うんです。自分の人生に感謝ができます。私に慢性骨髄性白血病なんていうものがなかったら、自分の人生にこれほどはっきり感謝や感動、満足ができただろうか。死の間際に自分の存在を肯定できただろうか。そう思います。

エリクソンは、死の間際に自分の人生に感謝ができるかと問いかけました。それは肯定という言葉と同じことかもしれませんが、彼は感謝と表現しています。

あなたは自分の人生に感謝ができますか？

私はいま、あらためてエリクソンを自分なりに反芻《はんすう》して、勉強しています。あなたは自分の人生に満足でしたか。感謝をして終わっていくことができますか。エリクソンはそう言いました。

私は、そう思うことができます。十分にできると思っています。

でも、若い人はそう思ってはおかしいですよ。いつ死んでもいいとか、自分の人生に十分満足だなんて思わないで、まだまだ不十分と思って生きてください。

私は老年期をむかえています。いまなら、はっきりと感謝ができます。同じように高齢になってきている方。いかがですか。感謝ができるでしょうか。

私には子どもが三人います。みんな男の子なんですが、彼らは、骨髄移植をする必要が出たら、自分たちがすると申し出てくれています。夫婦は他人だけれど、親子は血がつながっている。輸血や骨髄移植にあうものを、自分たちがもっている可能性がある。だから、自分たち三人のなかで、はっきりあうものがあったら移植をする。そう言ってくれています。うれしいなと思います。

三人ともみんなあうようだったら、どうするか。私は知らなかったんですが、子どもたちはそれも話したようです。家内から聞きました。三人ともみんなあうとわかったら、じゃんけんで決めるんだそうです。いろいろなことを申しあわせているんです。私が頼んだわけじゃないんです。半分冗談、半分本気で、そういうふうに考えていてくれるのかなと思ったりもしました。

あと何年の命とか、そういうことはわかりませんけれど、高齢になったなと、はっきり思います。

そう思いながら、自分の人生はこれでよかった、満足できるとも思います。感謝できるか、満足できるかとエリクソンに問われたら、「感謝できると思います」と、そうはっきり言えるようになってきました。

人生について、考えてみませんか

老年期に、自分の人生に感謝ができるか。エリクソンのライフサイクル・モデルが示す重要なテーマのひとつです。ライフサイクル・モデルは、とてもいい理論です。この理論に、人生を塗り替えられたと思うところもあります。私はカナダに留学して、クライン教授に、エリクソンの理論について講義をしていただきました。その講義にはとても及ばないでしょうけれども、みなさんにエリクソンのライフサイクル・モデルをお伝えしたいと思います。

人生を考えるときに、エリクソンを学ぶのはいいですよ。私と同じ老年期をむかえた方にも、若い方にも、お伝えできることがあります。満足できる人生、感謝できる人生を送るためにもっとも重要なときは、じつは老年期でも、働きざかりの時期でも、若い青春の時期でもないんです。それをお伝えしたいと思います。年齢を問わず、多くの方にこの本を読んでいただきたいと思っています。

第一章

老年期

人は最後に「人生への感謝」を問われる

老齢にさしかかり、人生を振り返っている

私は二〇一二年の夏に七七歳になりました。いわゆる「後期高齢者」となって、二年あまりです。第二の人生を送っていると言いたいところですが、もう第三くらいじゃないかと思います。でも、後期高齢者というのも、ある意味では、新しい人生のスタートです。いろいろなことを考えます。このごろ、本を書くときや、頼まれて講演をするときに、人生を振り返ることがあります。

いまから四十数年前、大阪で万博があった一九七〇年。万博を見終わって、その翌日に、私は羽田空港を発ってカナダのバンクーバーへ行きました。ちょうど七夕の日だったと思います。

カナダへ行ったのは留学のためです。ブリティッシュ・コロンビア大学の児童精神科で、精神医学を学びました。私の指導教授は、二人おいでになりました。ひとりはアンドリュー・マクターゲット教授。児童精神医学の先生です。先生は

ジョンズ・ホプキンス大学のレオ・カナー教授に指導を受けた医学者なんです。カナーは世界ではじめて自閉症を提唱した精神科医です。マクターゲット教授には、カナーのことも教えていただきました。そしてもうひとりが、カール・クライン教授です。クライン教授は世界的に有名な学習障害の専門家でした。教授は精神分析家で、エリクソンや、精神分析の始祖ジークムント・フロイトの娘、アンナ・フロイトとも親しい人でした。高名な二人の先生に恵まれ、多くのことを学びました。

当時、まだ日本には学習障害、ＬＤという言葉はなかったかもしれません。そのような時代に、クライン教授がひじょうによい講義をしてくださり、学習障害を学ぶことができました。留学を終えて帰国してから、私は学習障害の勉強会に参加したり、そこで発言したりするようになりました。そうしているうちに、結果として、日本の学習障害、発達障害に対する一種のパイオニアのような役割を担うことになりました。自分ではそんな自負心はありませんでした。学んできたことを学んできたままに、みなさんと話をしているうちに、そうなったのです。

カナダでエリクソンを学んだ日々を思い出す

クライン教授は精神分析の専門家であり、学習障害の専門家でもありました。そのクライン教授から、学習障害の問題と同じように、入念に教えられた課題のひとつが、エリクソンのライフサイクル・モデルです。

クライン教授は、エリクソン本人と親友でした。精神分析を学ぶ仲間として、親しくつきあっていたそうです。教授のほうが少し若いのですが、彼は親友であるエリクソンの業績を深くたたえながら、講義をしてくださった。なかなかないことです。確かに教授にとってエリクソンは先輩でした。しかし親友でもあり、勉強仲間でもあり、競争相手でもあるわけです。そのエリクソンをたたえながらお話しされた。クライン教授の人柄を感じさせる講義でした。教授ご自身の意見と、エリクソンの理論とを、どちらもお話しされました。

エリクソンはエリク・H・エリクソンといいますが、クライン教授はいつも

「エリクはこう言った」と、親しみをこめて呼びました。エリクソンの理論は、論文を読むだけでは解釈が難しいものです。クライン教授はそれをかみくだいて教えてくれました。親友でなければ知りえないエリクソンの真意や、論文には書けないようなことも、話してくださった。「エリクが」と親しみをこめた話し方で。いい講義でした。幸運でした。本当に幸運だったと思います。

クライン教授はいつかエリクをここに連れてこようとおっしゃっていましたが、とうとうそれは果たされずに終わってしまいました。楽しみにしていましたが、いろいろと忙しかったんでしょう。会えませんでした。でもいい講義を受けました。自分の人生を変えられたというか、見開かされたという感じがします。

エリクソンの人生論をあらためて学んでいる

本を書いたり、講演をしたりするなかで、私はエリクソンの考えをくり返し吟味しています。私はみなさんにエリクソンの理論をお伝えする立場にいますが、じつは自分もエリクソンについて、そのつど学びなおしているんです。みなさんといっしょにエリクソンを学んでいると言ってもよいと思います。

自分自身がどれほどエリクソンに教えられてきたか、あらためて感じ入ります。エリクソンのライフサイクル・モデルは、精神医学のすぐれた理論でもあり、また、私自身の生き方の参考になるものでもありました。エリクソンを学んで、自分の生き方をかえりみる力が身についたと思っています。

さらにまた、家族みんなの人生の参考にもなっています。**人生には、思いどおりにならないことがあります。私たちは、ライフサイクル・モデルのとおりに、健康に幸福に、生きられるわけではありません。ただ、その見事なモデルをおりにふれて振り返ることで、人生をみつめなおすことができます。**私も家族も、そういう機会をもって、健康に幸福に生きてきました。

私の場合は、仕事をするうえでも、エリクソンの理論が重要な意味をもちました。私たち精神科医はクライアント、つまり患者さんに助言をしますが、そのときにもライフサイクル・モデルが参考になったのです。

患者さんの人生の、どういう時期にどういう不十分さ、不備があって、いま苦しんでいらっしゃるか。精神科医の仕事は、その不備を理解しながら、治療によって補充していくわけです。患者さんの生き方を考えるときに、エリクソンの理論を思い返すと、さまざまな気づきがありました。エリクソンの理論を学んだことは、私にとって大きな財産に、力になっているんですね。

人物コラム……

エリク・H・エリクソン（一九〇二〜一九九四）

ドイツ出身の精神分析家です。オーストリアで臨床家として子どものこころの治療に従事。第二次世界大戦中にアメリカに亡命して、それ以降はアメリカ国内で臨床と研究を重ねました。

臨床経験と調査研究にもとづいて、ライフサイクル・モデルを確立。人間が思春期・青年期以降にも心理的、社会的に発達することを、世界ではじめて示しました。その理論は現在でも、発達の基本的な考え方のひとつとして、心理学や精神医学の世界で役立てられています。

日本語の翻訳書に『アイデンティティとライフサイクル』などがあります。

老年期、五六歳以降のテーマは「人生の統合」

私は七七歳になり、エリクソンの言う老年期に入っています。人生をずっと長く、乳児期から生きてきて、老年期に入ってきた。自分の人生を回顧しながら、なんともいえない感慨をさまざまに抱いています。

エリクソンのライフサイクル・モデルでは、人生の終盤、晩年の時期を老年期と言っています。目安としては、五六歳以降です。長寿社会になったいまの日本の基準からすると、まだ若く働きざかりのように思えるかもしれません。目安とお考えください。老年期には「人生の統合」、あるいは「人生の完成」がテーマになります。

老年期。人生のしめくくりとでも言いましょうか。成熟の課題とでも言いましょうか。この時期に自分の人生を振り返り、満足ができると、とても健康に幸福に、危機感を感じないで人生を終えていくことができる。統合、あるいは完成。エリクソンはそういう表現をしています。

エリクソンは人生を宇宙の歴史と比べた

老年期を説明するために、エリクソンはこういうことから説きはじめます。宇宙の歴史は一五〇億年ある。現在では一三七億年とも言われています。長い歴史のなかに私たちは生きているんです。地球の歴史が四六億年。私たちはどんなに長生きしても一〇〇年でしょう。瞬間の命ですよ。一五〇億年とか四六億年のなかでは、一瞬の命なんですよね。私たちは。

「あの人は長生きなさって」「一〇〇歳でまだお元気ですよ」と言われたって、四六億年の歴史のなかの一〇〇年です。一瞬の命です。世界をまたにかけて活動したと言っても、それだって、地球のなかの話です。地球なんて、宇宙の広がりのなかでは、一点のようなものでしょう。人間の生涯というものは、広大無辺の宇宙のなかでは、一点のような地球の上をちょろちょろしただけなんですよ。それだけのことなんです。

エリクソンは、そのように宇宙の話からはじめて、人間の一生は、宇宙の視野でみたら、顕微鏡や虫眼鏡で、超拡大してみるようなものだと言っています。

広大無辺の宇宙のなかで、一点のような私。エリクソンはそんなことを老年期に考えるんです。そして、自分の人生に感動と満足を感じることができるかと問います。

一瞬の命です。一点のような存在です。「大きな業績をあげました」「世界をまたにかけて活躍しました」。そう言ったって、人間どころか、地球そのものだって一点のような存在であり、一〇〇年の命は一瞬です。

だけど。エリクソンは言いました。一瞬の命、一点のような存在と言っても、そこに大きな秩序のなかの自分を感じる。エリクソンはそう言って、老年期を考えます。

最後に問われるのは「人生に感謝ができるか」

大きな秩序。私たちは無から生まれてきました。そして死にます。日本では多くの場合、火葬されますね。火葬されれば、あるいは土葬であっても、私たちの体は分解されていきます。分解されて、カルシウムや炭素、マグネシウムなど、いろいろな無機物になります。それらはやがて、植物に吸い上げられ、植物の生命になっていきます。そして植物の体内で、有機物に変わります。それを今度は動物が食べます。その動物をまた人間が食べる。あるいは植物を人間が食べる。私たちの体はさまざまなものに分解されたあとも、ぐるぐると、地球や宇宙のどこかをまわりつづけます。そういうものですよね。私たちの体は。

そんなことまで考えて死んでいく人はいないかもしれませんが、よく考えてみれば、そういうことです。私たちは、私たちの体のまま、ずっと存在することはできません。どこかで元素に分解されます。その元素が植物や動物の体内をめぐりめぐって、生きつづけ、存在しつづけていくわけです。物質不滅の法則です。

たとえば、私たちの骨の中にはカルシウムがいっぱいあります。そのカルシウムはカルシウムのまま残るわけでしょう。火葬にふされようと、なにをされようと。そのカルシウムが植物や動物の体をまたつくっていきます。いろいろなふうに吸い上げられて。日常生活のなかで、そんなことは考えませんよ。とくに若い人は、若いときほど、考えないでしょう。

しかし老年期をむかえた人は問われます。私たち人間は、宇宙の秩序のなかで生きている。生かされている。その自分の生命、あるいは人生に、感動できるだろうか。満足できるだろうか。エリクソンは私たちにそう問いかけているんです。宇宙の秩序のなかで、あなたに与えられた人生に、感謝ができるかどうか。

感謝ができる人は、危機感をもたずに死んでいける

死んでも死にきれないという人は、まだ感謝ができません。もっと楽しいことをいっぱい経験してからじゃないと、まだ死ねないなんていう人は、まだ死んじゃいけないいんです。老年期をきちんとむかえていないいんです。エリクソンは、健康に幸福に生きてきた人のこころは、そういう満足と感謝の境地にいたると言っています。

高齢になったことを静かに受け止めることができる

数年前に、クライン教授が亡くなったというお便りを、奥様からいただきました。愕然《がくぜん》としましたよ。その手紙をみながら、私がしょんぼりとしている姿をみて、家内が「教え子のあなたが七十何歳ですよ、先生は何歳になられたと思って

いるんですか」と言いました。はっとしました。四十数年前に教えを受けた先生ですからね。そうなんです。

家内に「次はあなたの番ですね」なんて言われて、「そりゃそうだけど、私の番だということは、あなたの番でもあるでしょう」と言い返したりしています。クライン教授や、親しかった年上の友人がみんな高齢になっていかれて。自分も確かに後期高齢者に、晩年になったな、と思いますよね。

昨年の夏に、自動車免許の書き換えに行ったんです。どうしてこんなに丁寧に調べるんだろうっていうほど、丁寧に調べられたんですよ。免許を与えるほうにしてみれば、心配なんでしょうね。簡単に書き換えをさせてはくれなくなりました。みなさんのなかには、もっと簡単に書き換えてもらえるという方もいるでしょう。私には反射テストなんかがあります。直感力とか反射神経とか。そういうことをしっかり調べてもらう。それはいいことですね。もうそんなことをされる年になったと思いながら、そのことを静かに受け止めています。おだやかな老年期をむかえることができた。そう思います。

どんな生き方をすれば、最後に感謝ができるか

人生への感謝。人生への満足。それは自分への感謝でもあり、ともに生きた家族や友人への感謝でもあります。あなたは、まわりの人に本当の意味で感謝ができますか。そう表現することもできます。

人は、若いうちは、自分の人生に満足していません。母親への感謝、父親への感謝も、まだ強くはないでしょう。私もそうでした。若いころは、自分ががんばったことで、いろいろと乗り越えられたのだと思っている部分もありました。

しかし年を重ねるにつれ、自分の母は、そして父は、いかに私のことを大切にしてくれていたのかと、あらためて実感せずにはいられなくなりました。自分が親になってみて、そして子育てを終えてみて、母や父の愛情をあらためて感じるんです。若いころに感じていた以上の感謝をもって、母や父を思い返すんです。

さらに、自分がたずさわってきた仕事、ともに働いた人たちのことを振り返る

と、いかにまわりの人たちに支えられてきたか、とも思います。

エリクソンの言うライフサイクルを、その順序のとおりに生きて、成熟した老年期をむかえたときに、本当の意味で、自分の人生に、そしてまわりの人々に、感謝ができるのだと思います。**一定の仕事をやりとげ、両親や先生から学んだことを子どもたちに伝え、充足した気持ちで老年期をむかえたとき、こころのなかから感謝の気持ちがわき出てきます。**それまでに感じていた以上の感謝の気持ち。強い感謝の気持ちです。そして、感謝できるということに幸福を感じるんです。感謝ができることは幸せですよ。幸せだから感謝ができるとも言えます。感謝と幸福。その気持ちが老年期にもっとも豊かになるんです。

人生に感謝できる子どもを育てる方法とは

私の両親は明治の人でした。父は明治三八年、母は明治四五年の生まれです。私は昭和一〇年の生まれで、第二次世界大戦のさなかに、小学生時代の前半を送りました。戦後まもなく、滋賀県の疎開先の農村で、貧しい暮らしを送っていたころのことを思い出します。

私は三人兄弟ですが、私たちが食事をしているとき、母が食卓をともにすることはありませんでした。母は、私たちが食べている間も台所仕事をしていて、私が「おかわり」と言うと、黙ってごはんをもりつけてくれました。「もっとようかんで食べな」などと言いながら。ときには、私たちがまだ食べているうちから、母が野良仕事に向かうこともありました。育ちざかりの私たちが、遠慮をすることもなくおかわりをしていたなかで、母がなにを食べていたのか、私たちは知りません。母はたいへんな働き者でした。いつも働いていました。いま思い返すと、母の無償の愛に、その強さに、言い尽くせない感謝の気持ちを感じます。

私たち兄弟のことだけではありません。近所でしかられ、泣いている子がいれば、母はその子のもとに行きました。そして、その子の親に「もうしやへん言うてますさかい」と言って謝っていました。しかられた子といっしょに謝っていたんです。母にとって、子育てとはそういうものでした。

父もまた、子煩悩な人でした。私には、父にしかられた記憶がないんです。私たち兄弟がよくない言動をしても、父はけっして怒鳴ったりしませんでした。仕事にも不平不満を言いませんでした。仕事から帰るとき、私たちがむかえに出ていると、近くまできてしゃがみこみ、私たちに視線をあわせて話してくれました。仕事を終えて帰宅すると、寝るまでずっと私たち兄弟と遊んでくれました。

父は小学校でしか学んでいない人でした。母は小学校も途中までしか通えず、貧しい家計をたすけるために、小学四年生のころから近所の子どもの子守をしていたそうです。しかしその両親に、私たち兄弟は十分に育ててもらいました。育児に必要なのは学歴なんかじゃないんです。こころをかけて育ててもらった。私はそのことに、言い尽くせないほどの感謝の思いをもっています。

私がいま、人生に感謝ができるのは、まだ幼かったころ、母と父が私たち兄弟に、あふれるほどの愛をそそいでくれたからです。すべてはそこからはじまったのだと、確信をもって言えます。無償の愛を与えられ、こころすこやかに育ててもらったからこそ、老年期をむかえたいま、人生に感謝ができるのです。

第二章

人間の生涯には八つのテーマがある

エリクソンの「ライフサイクル・モデル」

エリクソンのライフサイクル・モデル。人間が生まれた直後から死の直前まで、健康に幸福に生きていくことの、ひとつの見事なモデルです。

人は誰もがさまざまな生き方、育てられ方をしています。絵に描いたようなモデルをたどって育つ人などいません。けれど、絵に描いたような、健康で幸福な生き方のモデルをひとつ、しっかりと示すことには意味があります。そのモデルからはずれるほど、幸福は遠ざかるということがわかりますよね。

みなさんも、私も、当然そうですけど、パーフェクトに幸福だったことはないわけです。振り返ってみれば、幸せな人生だったと思うことはあるでしょう。けれど、すみずみまでパーフェクトによかったという人生はありえない。

裏を返せば、パーフェクトに幸せな人生ではなくても、これでよかったと思って最後をむかえられるのは、幸福なんですよね。

最後に人生に満足できること。そのためには、ライフサイクルを本来の順序で歩んでいき、発達し、成熟することが必要です。その順序を示したものが、エリクソンのライフサイクル・モデルなのです。

人生を八期に分け、それぞれにテーマを設定した

エリクソンは、たくさんの事例を吟味して、見事なライフサイクル・モデルを描き出しました。心を病んでいる人が無数にいます。そのいっぽうでは、健康に幸福に生きている人も、無数にいます。エリクソンはその両者を比較検討して、人間はどのような道すじをたどると健康で幸福な人生を送れるのかを探り、見事なモデルを書き上げました。それがライフサイクル・モデルです。

エリクソンはそのモデルを、八段階に分けて書きました。乳児期、幼児期、児童期、学童期、思春期・青年期、成人期、壮年期、老年期の八段階です。読者のみなさんは、どの時期にいるでしょうか。成人期でしょうか。老年期でしょう

か。思春期の人もいるかもしれませんね。

各時期の、年齢の目安を示すことはできます。しかし、自分がどの時期にいると考えるのか、それは自由なんです。年齢的には老年期にさしかかっていても、自分はまだまだ壮年期だと思うのもよいのです。年齢はあくまでも目安であり、大切なのはこころのもち方です。

ただし、考え方は自由ですけれど、ライフサイクル・モデルの基本的な順序は、そのとおりに知っていただきたいんです。極端なことを言えば丸暗記するくらいに、八つの段階が、その順序が頭に入ってくるといい。私もクライン教授から、そのように学びました。

各時期のテーマを「危機的な主題」という

日本では、エリクソンが示した、人間の各年代の重要な課題のことを「発達課題」と表現する人がいます。乳児期の発達課題、児童期の発達課題というよう

ライフサイクル・モデル

時期	年齢の目安	危機的な主題
乳児期	0〜2歳	「基本的信頼」の獲得。人を、自分を信じられるか（第三章参照）
幼児期	2〜4歳	「自律性」を身につけること。セルフ・コントロール（第四章参照）
児童期	4〜7歳	「自主性」、積極性、主体性、目的性をはぐくむこと（第五章参照）
学童期	7〜12歳	「勤勉性」の基礎づくり。友達とのさまざまな共有経験（第六章参照）
思春期・青年期	13〜22歳	「アイデンティティ」の形成。自分を見出せるか（第七章参照）
成人期	23〜35歳	「親密性」をもつこと。家族や同僚とのむすびつき（第八章参照）
壮年期	36〜55歳	「世代性」を生きること。引き継ぎと引き渡し（第九章参照）
老年期	56歳〜	「人生の統合」。人生に感謝ができるか（第一章参照）

※年齢は目安。エリクソンが研究したときと現在では社会環境が異なり、単純な比較はできない

に。その発達課題を達成しながら次の段階にいかないと、健全に発達していけないという意味あいで、教育関係者などに使われている言葉です。その言葉を、私は間違いだとは思いません。けれど、エリクソンは実際には、発達課題という表現をしていないので、ここではエリクソンの言い方を紹介します。

エリクソンや、厳密な意味での精神分析家たちは、日本でいう発達課題のことを、もともとはサブジェクト・オブ・クライシスという言葉を使って表現しています。クライシス、つまり危機です。危機的な主題ということです。エリクソンは、人生の各年代にはテーマがあり、それらを解決しないとクライシス、危機的な状態が訪れるというようなことを言ったんです。なかなかいい表現ですよね。解釈が難しいかもしれませんが、エリクソンがそういう概念を提唱していることは、知っておいていただきたいんです。

乗り越えなければならない主題があるんです。乗り越えなかった場合、いずれ本当の危機が訪れる。そのような主題が人生のさまざまな時期に、重要なテーマとして現れてくるわけです。老年期に、人生に満足や感謝ができず、死にきれない。それもひとつの危機ですよね。危機が訪れるということは、乳児期から老年期までのどこかの時期で、主題を解決し、乗り越えていないわけです。

ライフサイクル・モデルは「幸せに生きる道すじ」

人生には一定の順序があります。その順序、ライフサイクルについて、いろいろな人が検討していますが、エリクソンのように乳児期から老年期までをみすえて見事に考えぬいた人は、ほかに例がありません。エリクソンは、ライフサイクルを順調に生きるのはこういうことです、というモデルを描きました。いわば、幸せに生きるための道標《みちしるべ》、道すじのようなものを示したわけです。

けれど、一〇〇パーセント理想的に、エリクソンが描いたモデルどおりに人生を歩む人はいません。私たちは誰もが、いろんな程度につまずきをもっています。そのつまずきが、ライフサイクルを学ぶことによって、みえてくるんですよね。いま起こっている問題。その背景に、人生のどの時期のつまずきがあるのか。それがみえてくるんです。そして、つまずきをどう修正し、解決していけばいいかがわかってきます。単純な正解はありませんが、どう支援するか、その道すじのようなものは、みえてくるわけです。

医学部の講義も同じですよね。解剖学からはじまるでしょう。最初に、人体はどうできているかを学びます。そして次に、体が健康に働くということ、生理学を学びますよね。そのあとで、どこがどう不具合になるとわれわれは苦しむかという、病理学を学ぶわけです。そこから治療、臨床医学になる。内科や外科など、いろいろな科に分かれて勉強していくんですよね。それと同じです。

エリクソンの理論は何歳の人にとっても役立つもの

エリクソンは精神分析家として、つまずきをもった人たちの治療にあたりました。おびただしい数の人たちです。健全に育った人たちの共通点を、つまずいた人たちの生活にとり入れてみるんですね。すると、状態が回復へと向かっていくことがある。こころをいろいろな程度に病んでしまった人たちを、ライフサイクル・モデルを使って、治療していったわけです。

私たちも、おりにふれてライフサイクル・モデルを参照することで、自分たちのつまずきを知り、その背景を見出すことができます。そして、生き方を見直すことができます。エリクソンの考えを教えてくださったクライン教授は、講義を聞いていた私たちに、ライフサイクル・モデルは、君たちがこれから生きていくのに役立つものだとおっしゃいました。

乳児期から老年期まで、すべての年代の、いきいきとした生き方のモデル。それを学ぶことは、何歳の人にとっても、役立ちます。こころの財産になりますよね。私はよく、子育て中のお母さんに向けて、ライフサイクル・モデルをお話しして、乳児期の子育ての大切さをお伝えするんです。子どもの精神科医として。けれど、エリクソンの考えは、思春期の若者にも、働きざかりの大人にも、老年期をむかえた方々にも役立ちます。

自分の生き方を振り返るとき、これからの人生を考えるときに、エリクソンの考えが、確かな道すじを示してくれます。

テーマには順番があり、とばすことはできない

エリクソンは、人間の発達や成熟には一定のステップ・アンド・ステップがあると言っています。そして、そこにとび級はないと言います。ただし、みせかけの前進はあるとも説いています。これがライフサイクル・モデルの重要なところです。発達にとび級はない。乳児期の危機的な主題を乗り越え、健全にすごしたから、幼児期を健全にすごすことができる。そして児童期、学童期へとつづく。乳児期の課題をとばして、あとの人生を健全にすごすことはできないんです。

赤ちゃんの運動発達も同じでしょう。赤ちゃんは、首がすわらなければ、絶対に寝返りができません。寝返りができない子は、おすわりやはいはい、つたい歩きができない。体の動きの発達も、前の段階が終わってから、次の段階なんです。首がすわる前に寝返りの訓練をさせたって、絶対にできませんよ。順序があ

るわけです。

こころの発達は、体の発達と比べてみえにくい。運動の発達はみえやすいから、説明すれば、誰でもすぐにわかるんです。首がすわらないうちから、はいはいをする子なんていない。だから、発達に順番があることが実感できるんです。こころの問題は、そういうところがみえないから、わかるようでわからないんですね。エリクソンは、そのみえにくい部分が明確にみえた人です。みえにくい部分、社会的な人間としての、こころの発達の順序を明確に示したものが、ライフサイクル・モデルなんです。

順番をとばした発達は「みせかけの前進」となる

幼い子を育てるとき、スパルタ教育といわれるような発想で、きびしい訓練をすれば、子どもは一見、いい子のようにふるまいます。しかしそれは、本当の発達ではありません。いい子になり、年齢相応にものごとをするようにみえるかもしれませんが、それはみせかけの前進です。親へのおそれをもって、したがっているだけなのです。

発達にとび級はない。ただし、みせかけの前進はある。前進にみえても、必ずやり直しをしなければならないんです。エリクソンの書物のなかにそのとおりの記述があるかどうかはわかりません。私はみせかけの前進のことを、クライン教授から聞きました。

みせかけの前進は必ずいつか、逆戻りします。本当の発達や成熟とは違うのです。私たち精神科医のもとには、思春期をむかえ、問題を起こした子どもたちがやってきますが、その子たちの現在の生活に、問題の原因があるとはかぎりません。もっと前に原因があって、問題がいま出ているという場合がほとんどです。それまでは、みせかけの前進であったわけです。それがくずれて、問題が大きく発覚したということです。

体の健康で言えば、潜伏期《せんぷくき》があって症状が出るようなものです。育っているようにみえても、みせかけの前進だった。もともと、乳児期や幼児期の問題が潜伏していた。それが思春期になって問題として現れた。みせかけの前進がくずれて、幼いころに経験するはずだった問題が出てきているんです。

五〇代、人生のしめくくりは、八つめのテーマ

第一章で紹介した老年期は、ライフサイクル・モデルの最後の部分です。人生を八つに分けたなかの、八つめです。本来であれば、最後に説明する部分なんですが、最初にご紹介しました。私がいままさに老年期を生きているからです。私がいまもっとも豊かに、実感をもってお話しできるのは、老年期のことなんです。ですから、自己紹介もかねて、しっかりと老年期のお話をしました。

ライフサイクル・モデルを、何度も読み返すといいんですよね。私はいま老年期ですから、人生のしめくくりという部分に実感がわきます。年齢によって、みえてくるものは違いますよ。

若い人が読むと、自分とはなにか、結婚とはなにかということがみえてくるで

しょう。壮年期には、いい仕事をするための心得がみえるはずです。あるいは、家族とのつきあい方がみえてくるかもしれません。

もっとも重要なのはひとつめ、乳児期のテーマ

老年期にいたるまでに、七つの時期、七つのテーマがあります。どの時期にも大切なことがありますが、なかでももっとも重要なのが、次章でお伝えする、ひとつめの時期、乳児期です。

ライフサイクルのつまずきは、ほとんどはスタートのところで起こっています。最初のつまずきが、あとあとに影響してくる。ずっと優等生ですごしてきた子が、大人になって挫折《ざせつ》した。就職に失敗した。そういうことがよくありますよね。その背景に、乳児期のつまずきが隠されていることがあるんです。「終わりよければすべてよし」という言葉がありますが、人生は「はじめよければすべてよし」と言ってもいいくらいです。

乳児期のスタートがよければ、貧しくても健康に幸福に生きていける。悪事を働いたりなんてしない。黙々と、コツコツと、人生をまっとうできるようになっていきます。大きくなってからつまずいても、回復は早いですよ。いっぽう、最初のつまずきがあると、人生はこうも困難になるのかというほど、問題が起こります。人生を左右するほどの違いが、乳児期のすごし方にあるわけです。

第三章

乳児期

母に愛されて、こころが生まれる

子どもを、孫を、私たちはどう育てていけばいいか

エリクソンは人生の最初の時期を乳児期と言いました。赤ちゃんの時期です。生まれてから二歳ごろまでの時期と考えていただいていいと思います。厳密な区切りではありません。二歳をすぎたあとも、乳児期だと考えてもけっこうです。おおまかな目安として、〇歳から二歳ということです。

私と同年代の方にとっては、孫の話になるでしょう。子育て中のお母さんにとっては、自分の子どものことですね。これから出産をひかえている人もいるかもしれません。友人や同僚のお子さん、近所の赤ちゃんを思い描いていただいてもよいでしょう。〇歳から二歳くらいの子です。

その時期の子どもをどう育てるか。いろいろな考え方があります。世代によっても違うでしょう。いまは両親の考えにまかせて、祖父母もまわりの人も、口を出さないという場合もありますよね。でも、この時期の子育ての大切さを、お母

さん、お父さんはもちろん、おばあちゃん、おじいちゃんにも知っておいていただきたいと思うんです。保育士さんや子育てに関わる仕事をしている人にも。もっと言えば、子どもが身近にいなくても、知っておいてほしいんです。

エリクソンが発見したのは、それほど重要なことです。この本を読んでくださった方が、赤ちゃんとお母さんのむすびつきの大切さを理解して、自然にそのサポートをしてくだされば、子どもたちは幸福な人生を歩むことができますよ。

〇～二歳のテーマは「基本的信頼」を抱くこと

エリクソンは、乳児期の危機的な主題は「基本的信頼」を抱くことだと言いました。基本的信頼。英語ではベーシック・トラスト。基本的なところで、人を信じることができるように育てられるかどうか。それが乳児期のテーマです。

乳児期に、人を信じることができるようになった子は、同時に、自分を信じる力を得ます。エリクソンは、深い洞察でそういう事実を発見したんです。

エリクソンは、相手を信じることと自分を信じることは表裏一体だと言いました。**人を信じることはあまりできないけれど、自信はあるという人間は、いないんです。**人間は人を信じることができなかったら、自分を信じることができないんです。

私にはこの考え方の意味が、月日がたてばたつほど、よくわかるようになってきました。自信というのは、おごりではない。自分を過信するわけではないんです。傲慢さという意味ではありません。**静かに、ひそかに、自分の存在を誇りに思うことができる。その気持ちが自信なんです。**それが、乳児期からはじまっているんです。乳児期に人を信じることが、その後の人生で人を信じ、自分を信じることの基礎をつくるんです。

いかがですか。みなさんの自信は、本当の自信でしょうか。子どもを、家族を、同僚を、近所の人を、基本的なところで信じていますか。乳児期の発達を知ることは、現在の自分をみつめなおすことにもつながっているんです。

自分に本当の意味で自信をもって生きるということ。基本的信頼。それができている人は、じつは人を信じる力が豊かです。それは同時に、信じることができる相手に出会ってきたということも意味しています。

母親に愛されることで、基本的な信頼感が生まれる

赤ちゃんが信じることができる相手。それは多くの場合、まずお母さんからはじまります。もちろん例外はありますよ。さまざまな事情で、お母さんに育てられることのなかった子もいるわけですから。昔によくあった例でいえば、お母さんの産後の肥立《ひだ》ちが悪く、子どもを産み落として亡くなったという場合がそうです。その子は、お母さんに育てられることはできません。お母さん代わりの人を信じて生きていくことになります。

そういう意味で、人間が最初に人によせる信頼の原型は、「母親的な人」に対するものだと言ってよいでしょう。

赤ちゃんはみんな、お母さんを信じたいと、自然に思うものです。お母さんに

命をもらい、生まれるまでに、平均で三八週から四〇週もの間、お母さんと共生しているわけですから。生まれたあとにも、おっぱいをもらい、命の基盤を引きつづき与えられます。お母さんを徹底的に信じるところから、子どもの人生がはじまるんです。これが基本的信頼のもとです。

ここで、お母さんのことをどれくらい信じることができるかが、その後、自分をどのくらい信じることができるか、ということにつながっていきます。そして、お母さんに対する信頼をもとにして、そのほかの人を信じていくことができるようになります。やがて、さまざまな人と出会うでしょう。信頼にも、さまざまな程度があるでしょう。そのはじまりが、お母さんへの信頼なのです。

子どもがお母さんを信じられるということを、心理学の用語ではお母さんに対して「愛着」を形成するといいます。愛着。英語ではアタッチメントです。無条件に十分に愛されることによってできるものです。愛着は、複数の人に抱く感情ではありません。その対象はお母さん、もしくはお母さん代わりの人です。

父親への信頼ではいけないのか

信頼をよせる相手は、お父さんではいけないのでしょうか。いけないことはありません。父子家庭で十分な子育てをしている方を、私は何人も知っています。けれど、いろいろな事情で、お父さんひとりになった場合と、両親が健在の場合は違います。

人間というのは一生懸命になると、もともと二つあったものが片方だけになっても、それで足りることがあります。片腕を失った人が、残った片腕でいろいろなことをやっていくのは、相当によくできますよね。私にはたまたま、知人に隻《せき》腕《わん》の方が二人いらっしゃいます。きき手を失った方たちです。きき手じゃないほうの腕をもっていらっしゃる。だけど字を本当に上手にお書きになります。

人間、両手をもっているときにはどんなに練習をしても、両手で上手に字が書けるようにはならないんですよ。片方を失ってしまった場合に、残されたほうの腕や手が、さまざまな役割を果たせるようになるんです。

それと同じように、父親ひとりの家庭になったとき、お父さんが真剣にとりくまれたら、ひとり親で十分な育児ができることを、私は承知しています。何人もそういう家庭を知っています。ただ、育児の主役はあくまでもお母さんだということも、私は知っているんです。それはお伝えしなければいけません。

母の役割と父の役割ははっきりと違う

日本は男女共同参画社会になってきています。そのこと自体には、私は大賛成です。とても重要なことだと思っています。だけど、お母さんとお父さんが育児を半分ずつ均等に分担しあうとか、お母さんが従来やっていた役割を一部お父さんが安易に代わってやることには、私は不安や警戒心をもっています。そういうことをすすめるのは、赤ちゃんの心を知らない人ですよ。

なにも、お父さんは育児に関与しなくていいと言っているんじゃないんです。

お母さんだけが苦労して育児をしなさいという話ではありません。そんなことはまったくない。だけどやっぱり、**育児の主役はお母さんです。お父さんとお母さんを同じように感じとっている子どもはいない。半々に育児をしてほしいと思っている子なんていないんです。**

私は自分のことを、男親にしては子煩悩な親だと思っています。それで子どもの精神科を選んだくらいですから。子どもが好きですよ。わが子はもっと好きです。息子たちをかわいがって、一生懸命育ててきたと思っているんです。家にいる時間は、四六時中と言っていいくらい、子どものそばにいました。

だけど、息子の私へのなつき方は、母親へのなつき方とは決定的に違う。小さいときから違います。息子はいざというときには母親を頼りにしました。それが乳児期の基本的信頼に根ざしたものなんですよね。母を父と区別する、明確な違いが、子どものこころのなかにあるんです。それほどの信頼を抱くことから、子どもの成長がはじまるんです。だから安易に役割を入れ替えないで、お母さんとお父さんはそれぞれの役割を担ってほしい。そのことの重要性をお伝えしたいんです。まわりの人々にも、お母さんの重要性を知って、そのサポートをしてほしいんです。お母さんの代わりをするのではなく、お母さんが育児の主役をしっかりと担える環境をつくれるかどうかです。

息子たちに教えられた母親のすごさ

忘れられない記憶があります。ある日、ファミリーレストランに行ったんです。私と家内が向かいあって座ると、三人の息子はみんな母親のほうに座ろうとしました。家内の両隣にしか、座る場所はないんですよ。二人しか座れない。なのに、もうひとりの子も、母親の背中によじのぼろうとしたり、ひざの間にわりこもうとしていました。

そうまでしてママのほうがいいんだな、と思いました。さみしいんじゃないんです。子どもにとって、母親ってこんなにすごいんだな、と思ったんです。

私はどの子にも、三歳くらいのときに、ママのことが好きかと聞いてみました。ある子は「ママがやわらかいから好きだ」と言いました。感触がいいんでしょうね。男親のように、さわるとすぐ骨にぶつかるような体じゃないですから。

ある子は「ママはいいにおいがするから好きだ」と言いました。それも、なるほどと思いました。私はその子に、冗談半分に、「ママはいい香水を使っているよ」と言ったんです。すると子どもは、ちょっと怒ったようにして「香水じゃない」「ママのにおいだ」と言いました。小さいときですから、言いたいことを上手に表現できたわけではありません。お母さんとお父さんの違いを、子どもは明確には説明できませんよ。けれど、なんとなくわかりますよね。なんともいえない、母親への愛着という信頼感があるんです。

子どもの望みに応えることで、信頼が生まれる

母親への信頼感、愛着。それは、お母さんが子どもの望みをかなえてあげることによって、つくられていきます。子どもは、お母さんがいつもそばにいて、自

分のことを気にかけていてくれると感じると、お母さんのことが信じられるようになっていきます。

それはごくあたりまえの育児なのですが、いま、子どもが無条件の愛情を親から与えられているか、そんな実感がもてるように子どもが育てられているかというと、おおいに疑問があるように思うんです。

親が、自分の望んでいるような子になってほしいと思いながら、子どもを育てていることがあるでしょう。その度合が強すぎれば、無条件の愛情ではなく、条件付きの愛情になっていきますよね。いっぽうでは、幼いときから親の顔色をみてものを言う子が増えてきました。残念ながら、信頼感の欠如を感じます。

あなたは、子どもが望んだような愛し方をしてきましたか。子育て中のお母さんでしたら、いま、そのような愛し方をしていますか。考えてみてください。とくに乳幼児期です。自分が望む育児をしてしまうことは、誰にでもあります。しかし、子どもの望みをかなえてあげたいという感情も、誰しももっているものです。親ならばみな、子どもの望みに応え、信頼をはぐくむことはできるのです。

何千回でも応えてもらえるくらいの信頼感

子どもの望みに、どれくらい応えてあげればよいのでしょうか。理想を言えば、すべての望みに応えてあげるのがいちばんです。その子がもう自分でできる、自分でしたいと思い、「もういい」と言うまで応えてあげるんです。

アメリカの児童精神科医ブルース・ペリーは、赤ちゃんのときに、泣いてうったえることに何千回も応えてもらうことによって、こころのなかに、将来、人間関係に喜びを感じることのできる健全な能力が育ってくるということを言っています。ペリーは、虐待を受けた子どもの治療研究をしている精神科医です。長い歳月をかけた実証的な研究をすることで知られています。

何千回も望みをかなえること。それが信頼感、人間関係の基盤になるのです。裏を返せば、泣いてうったえたことに十分に応えてもらえなかったときには、子どものこころに、人間関係を喜ぶ感情の芽が育たないということです。

同じようなことを、発達心理学者のマーガレット・マーラーは、別の言葉で表現しています。赤ちゃんは、妊娠・出産によって身体的な誕生をする。そしてそのあとに、どのように育てられるかということによって、心理的な誕生をすると言ったんです。サイコロジカル・バースです。

大胆な表現ですよね。育てられ方しだいでは、こころは生まれないと言っているようなものです。でも、本当にそうなんです。乳児期に母親を信頼することができなければ、そのあとにこころが豊かに発達していくことは、さまざまに難しい。エリクソンはそのことをライフサイクル・モデルで指摘しています。

子どもに笑いかけることの大きな意味

子どもが幼いころには、その子のことを一方的に喜ばせてあげるのがいいんですよね。そういうことのできる大人が、子どものまわりにたくさんいるといい。親がまず、そうでしょう。祖父母はもっと喜ばせようとしますよね。しかったりしないで、とにかくかわいがる。それから、近所のおじさんやおばさんがかわいがってくれるのもいいんです。

とおりすがりに小さな子どもと目があうと、自然に笑顔を与えたくなりますよね。それに対して子どもが笑顔を返してくれたら、子どもを喜ばせていることに、こっちも喜びを感じる。ほんの瞬間ではありますけど、うれしいでしょう。そういう経験を無数にすることによって、喜びを分かちあうんです。

身近に赤ちゃんや子どもがいる方は、笑いかけてあげてください。喜ばせてあげてください。そしてそれを、あなた自身が楽しんでください。たったそれだけのことで、私たちの社会に、信頼の芽が増えていくんです。人を信じることのできる子どもを、育てていく希望がもてるんです。

新幹線で会った「みかんの女の子」

新幹線の車内で何年か前に、こんな経験をしました。子どもがお父さんに手を引かれて、歩いてきたんです。三歳くらいの女の子でした。お母さんがそのあとからきていました。その子が少し遠くにいたときから、私と目があっていたので、私はほほえみかけたんです。その小さな子どもにね。するとその子は、一瞬おどろきながらも、にこっと笑ったんです。それがかわいかったんです。こっちもうれしいですよね。だから私は笑顔を向けつづけていたんです。

あんまりかわいいものだから、私はその子が近くにきたとき、手を振ったんです。そうしたら、子どもは父親とつないでいた手を離し、手を振り返してくれました。そして私の前をとおるとき、手にもっていたみかんをくれたんです。びっくりしましたよ。

そういうときは、もらうのが礼儀だと思うんです。「ありがとう」と言って、受けとりました。受けとることで、その子が喜んでくれる。だから遠慮なくもらいました。手のぬくもりのある、あたたかいみかんでしたよ。忘れられません。

お父さんもこちらをみて、びっくりしたようなそぶりをしながら、いい笑顔をくれました。ちょっとあとからお母さんがきましたが、お母さんも笑顔をくれました。おだやかに、いい育ちをしている子なのだろうと思いました。なんともいえず、気持ちがよかったものです。お父さん、お母さんも多少、そういう感情をもってくださったかもしれない。喜びの分かちあいですよね。

なにげない瞬間の、喜びの分かちあい。そういうものは家庭のなかで、地域社会のなかで、日々いろんなところに連続的にあるのがふつうじゃないですか。私の家のおとなりにも、小さな子がいます。会えば必ず笑顔を返してくれる。こちらがうれしいんですよ。こちらがうれしいんじゃなければ、相手はうれしくない。この喜びを分かちあうということの意味を、とても大事に思っています。

笑顔の交換が、共感性をはぐくむ

子どもに笑顔を向け、ほほえみを交換することの意味を、フランスの精神科医アンリ・ワロンがくわしく解説しています。

赤ちゃんが生後一、二カ月のとき、お母さんが赤ちゃんにほほえむと、赤ちゃんはもう、ほほえみを返します。わが子がそうしたときのことを、覚えている方もいるでしょう。

お母さんは鏡をみたり、写真をみたりしますから、自分の顔をよく知っています。どんな気持ちになると、どのような表情になるか、わかっているわけですね。ですから、笑顔のときには、意識してその表情を、赤ちゃんに与えているんです。

いっぽう、生後一、二ヵ月の赤ちゃんといえば、首がすわる前ですよ。自分の顔なんて、みたことがありません。鏡をみたこともないし、自分の顔だという意識もない。その赤ちゃんが、お母さんの笑顔をみているうちに、自分も笑顔を返す。不思議な現象です。

そんな不思議な力を、人間は生まれながらにもっているんですよね。他者への共感的な感情です。お母さんが赤ちゃんに笑顔を与えてやるだけで、共感的な感情がめばえてくる。ワロンは親子を観察しながら、こういう素晴らしい事実を確認するわけです。こうやって子どもは、人間関係をつくる。人間関係が自分という存在のもとになる。とくに社会的人格のもとになるわけでしょう。

　エリクソンの言う基本的信頼。ワロンの言う共感性。そういうものが、乳児期に基盤としてつくられるわけです。それが人間関係の基盤となり、健康で幸福なこころの発達につながっていきます。

人物コラム

アンリ・ワロン（一八七九〜一九六二）

　フランスの精神科医です。ワロンは、子どもが親との情緒的なやりとりを通じて、こころやコミュニケーションを発達させていくことを発見しました。喜びの分かちあいがコミュニケーションのはじまりだと指摘していきます。そしてまた、子どもが親とのやりとりから、自己と他者の関係性を知ることも、ワロンは発見しています。すぐれた研究者です。

　日本語の翻訳書に『子どもの精神的発達』などがあります。

赤ちゃんはお母さんと喜びを分かちあいたい

ワロンは赤ちゃんの発達を、順を追って説明しています。

赤ちゃんは生後二、三ヵ月になると、お母さんにできるだけそばにいてほしいという要求をします。お母さんが用事があって離れていくと、泣いたり怒ったりして要求をする。「そばにいて」と。二、三ヵ月ですから、首がすわる前です。

三、四ヵ月になると、赤ちゃんの感情はさらに発達・分化していきます。お母さんに対して、そばにいるだけではなくて、自分が望むこと、喜ぶことをあれこれしてほしいという要求がはじまります。「自分を喜ばせてほしい」「そばにいるだけじゃいやだ」と。いちばん多いのは、だっこでしょうか。だっこをしてほしい、あやしてほしいとしぐさで求めるようになります。

その赤ちゃんがさらに四、五ヵ月になると、自分が望むことをしてくれるだけでなくて、お母さんも、それを喜んでしてほしいと思いはじめる。ワロンの有名な発見です。赤ちゃんは、自分を喜ばせてほしいんです。だけど、自分を喜ばせてくれるお母さんにも、喜んでほしいんです。

喜びを、共有したいんです。分かちあいたいんです。ひとりで喜んでいるのは、たいした喜びじゃないんです。私が喜んでいる、ぼくが喜んでいる、それをしてくれているお母さんも、喜んでくれている。ここにはじめて、喜びを分かちあう感情が発達してきます。ワロンはこのことに気がついたんです。いっしょに喜びあいたいんですよ。もっとも健全な、人間的な感情です。

喜びを分かちあえる子は、悲しみも分かちあえる

喜びを共有しあう感情がやがて、ずっと大きくなったときに、幸福を共有しようという意欲になります。その芽が、子どものこころのなかに育っているんです。〇歳から二歳ころの話ですよ。いま私が七七歳になり、家族と喜びを共有して、健康に幸福に暮らすことができているのは、もとをたどれば、乳児期に母親

から、その芽をもらったからなんです。みなさんもそうなんですよ。

喜びあう経験を豊富にすればするほど、子どもの感情のなかに、他者と悲しみを分かちあう感情が発達してきます。悲しみ、苦しみ、痛みの分かちあい。かみくだいた表現をすれば、思いやりの感情でしょう。他者を思いやる感情は、相手と悲しみを分かちあうというものです。しかしそれは、喜びを分かちあう経験をしないことには、絶対に発達しない。ワロンはそう言っています。

いじめを受けて自ら命をたってしまった子どもが、何人もいます。どうして、友達をいじめるんですか。おそらく、いじめた側の子どもたちには、友達の悲しみを感じとる感情がなかったんでしょう。乳児期に、親がその子を喜ばせ、そのことを自分でも喜ぶという育児がされなかった。だから友達の悲しみを分かちあうことができなかった。お母さんが子どものそばにいてやること。まわりの大人が子どもにほほえみかけること。それらのことが、いじめを防ぐんです。そういう体験が豊かになかったから、いじめのようなことをしてしまう。いじめがあったとき、現在の人間関係だけをみていても、本当のところはわからないですよ。

分かちあう経験が、コミュニケーションを育てる

子どもの本能的な動きや欲求に、お母さんが同調してあげる。そうすると子どもは、同調しているお母さんに反応する。その反応に今度は、お母さんが返す。そういうところから、信頼の感情や人間関係に必要な人格、そして社会性の基盤が育っていきます。

子どもがはいはいしているときに、お母さんがはいはいしてあげると、子どもは喜びます。立って見下ろしているより、子どもの目線に近いところで、いっしょにはいはいしてごらんなさい。赤ちゃんがどんなに喜ぶか。

はいはいで移動しようとしている子どもを、同じようにはいはいで、ゆっくり追いかけてやる。子どもは一生懸命逃げようとします。追いかけっこがはじまる。お母さんは、歓声をあげながら追いかけてあげるといいです。そして、ほどよいころにつかまえてやる。「ほうら、つかまえた」なんて言って。今度はお母

さんが逃げる。適当なところでつかまってあげましょう。子どもは喜びますよ。

子どもの反応に同調するということです。視覚や聴覚を使って、同調してやることによって、やがて子どものほうからお母さんに同調してくるようになります。「今度はぼくが追いかけたいから、お母さん逃げて」っていうようなそぶりをします。そして、うまくつかまってやらないと怒ります。泣きはじめます。言葉はなくても、コミュニケーションがはじまっているんですよね。

ワロンは言いました。**喜びを分かちあうところから、人間はコミュニケーションをはじめることができる。**コミュニケーションです。会話じゃありませんよ。会話は言葉さえあればいくらでもできます。大切なのは、言葉を交わすことではなく、喜びや悲しみを交わすこと、分かちあうことです。

わが家に振りこめ詐欺師から三回、電話がありました。ぽつん、ぽつんと間隔をあけて。幸いなことに、被害にはあいませんでした。いずれも、振りこめ詐欺師のしわざだということがすぐにわかりました。

彼らは、言葉はじょうずですよ。会話をする力はあります。ああ言えばこう言う。言葉は達者なんです。だけど、人間的なコミュニケーションをする力はかけらもない。彼らとの会話は、コミュニケーションではありませんよね。喜びと悲しみを分かちあうやりとり。それが本当のコミュニケーションでしょう。

子どもを喜ばせれば喜ばせるほど、情緒豊かになる

心理学者ジャン・ピアジェも言っています。親と子が喜びを分かちあうことが大切だ、そしてそれがコミュニケーションの基盤を育てるのだと。

子どもは大人に喜ばせてもらうと、また喜びたくなります。そして、大人の反応を引き出して、また喜ばせてもらうという、主体的な活動をはじめるわけです。泣けばお母さんがきてくれる。あやしてくれる。喜びを自分に与えてくれる。「あー」「おー」と呼べばきてくれる。大人が子どもの期待に応えられるようないい反応をすればするほど、子どもの情緒的な表現が豊かになっていくんです。そして、情緒的な感情表現が豊かになればなるほど、人間的な自己形成が加

速してくる。自分というものができてくるんです。

「母親のいない世界での浮気」を楽しみはじめる

赤ちゃんは、生後六ヵ月くらいから、はいはいができるようになります。そのときはじめて、自分の意思で移動できるようになるわけですよね。あちこち勝手に行こうとするんです。一歳すぎになると、今度は歩きはじめます。

けれど、赤ちゃんは好き勝手に行こうとしているようで、じつはそうじゃないんですよ。見守っていてごらんなさい。ときおり、うしろを振り返りながら、進もうとしますから。「ママ、ぼくのあとをちゃんとついてきてくれるよね」という気持ちでいるんです。生後六ヵ月から二歳くらいまで、継続してみられる行動です。そのときに、振り返ったらいつも母親が自分をみていてくれたという安心感を与えてあげること。それが大切なんです。

「心理的誕生」を説いたマーラーが、このことについても、おもしろい表現をしていますす。生後六ヵ月から二歳くらいまでに子どもは、お母さんのいない世界で浮気を楽しむと言ったのです。ラブ・アフェア・ウィズ・ザ・ワールド・ウィズアウト・マザー。ラブ・アフェア、愛の出来事。これは、世の男性が浮気を楽しむことです。世の男性は、浮気をしたって妻から見捨てられることはないだろうと、自分勝手な認識をしますよね。赤ちゃんの様子を、そういう行動にたとえたわけです。

このころの子どもは、お母さんから分離・独立できていません。お母さんから本当に離れていったら、楽しめるわけがないんです。だから振り返りながら移動する。まわりを探求して楽しんでいるけれど、お母さんから見放されたくはない。それをマーラーは男性の浮気にたとえたんです。おもしろい表現ですよね。

赤ちゃんは「浮気」を母親に見守っていてほしい

勝手なことをしているようにみえて、子どもはお母さんから見捨てられたらたいへんだという感情をもっています。必要なときにはちゃんと振り返り、お母さんのところに戻ってきます。お母さんを求めているんです。外で浮気をしていても、必要になると家に帰ってきて、奥さんになぐさめられる男性のようなものです。こういうことにかこつけて、マーラーはじょうずに表現したわけです。

赤ちゃんは浮気のような探索活動を、お母さんに見守っていてほしいんですよね。あちこち動きまわって遊びたい、けれど見捨てられたくない。この時期にお母さんが、必要なときには見守っているのだと子どもに実感させてやることができたら、子どもは安心感を抱きます。見捨てられることへの不安は発達してきません。このころに赤ちゃんが振り返ってもお母さんが知らん顔をしていると、子どものなかに見捨てられることへの抑うつ感情や不安が育ってしまうんです。

お母さんが見守っていることを認識して、安心して、だんだんお母さんから離れていくんですよね。それが健康な分離・独立です。そこで安心できないと、抑うつ感情や不安が育つ。見捨てられることをおそれたまま、不安定なこころで育っていってしまうわけです。抑うつ感情と不安。いま日本で深刻な問題になっている、うつ病や不安障害といったこころの病気の、もとになる感情がここにあると思うんです。乳児期を大切に育てられることがいかに重要か。おわかりいただけますでしょうか。

やっぱり母親のそばにいたいと思う、再接近期

時期がずれる子もいますが、一歳四ヵ月から二歳くらいのときに、子どもは分離不安を感じるようになります。自分勝手にあっちこっちに行っていたのが、急にまた母親に接近して、ベタベタしてくる。再接近期がくるんです。母親を失うことのおそろしさに、本当の意味で気づくんですね。

比喩的に言えばこういうことです。男性が、浮気をしたことを奥さんに気づかれてしまった。見放されそうになっている。離婚することになったらたいへんだと急に実感する。そこでお土産なんかを買ってくる。そういう心理です。

あちこち勝手に行ってしまって、「こっちにきなさい」と言っても聞かなかっ

た子が、今度は「大丈夫だから行ってらっしゃい」と言っても離れなくなる。こうした矛盾のなかで、葛藤のなかで、子どもは成熟していくわけです。

子育て中のお母さんは、そんなことを理屈っぽく考えなくていいんですよ。わが子が自分をしたってくれている、かわいいと思いますよね。だからその子を身もこころも全身でだきしめるようにして、育てるわけです。それでいいんです。かわいいわが子だからこそ、いつも見守っている。「ちゃんとみているよ」「心配いらないよ」という思いを、いつも子どもに伝える。子どもが、見捨てられることへのおそれなんて抱かなくてすむように。

人物コラム

マーガレット・マーラー（一八九七〜一九八五）

ハンガリー出身の精神分析家です。オーストリアで精神分析学を学び、エリクソンと同じように、アメリカに渡って研究活動をしました。マーラーは多くの母子を、長い歳月をかけて観察しました。その結果、子どもが生後三年間で「心理的な誕生」をとげることを見出したのです。

マーラーによると、子どもは生後六ヵ月ごろにはじめて、母親と自分が別々の生き物だと認識します。その後、母親への安心感を抱きながら「浮気」を楽しむ時期や、再接近期をへて、子どものこころは発達します。

日本語の翻訳書に『乳幼児の心理的誕生』などがあります。

社会性の基盤「ソーシャル・リファレンシング」が育つ

同じことを、乳幼児の精神医学者ロバート・エムディは、別の表現で説明しています。

子どもは自分の意思ではいはいやよちよち歩きをしている。そして、「おやっ」と心配に思うことがあると振り返って母親をみる。大きな物音がした。どこかで人の声がした。目の前に見知らぬものがあった。子どもはその音やものに対して、自分で調べようとするより、お母さんに教えてもらおうとするかのように、振り返るんですよね。「いまのはこわい音?」「誰の声?」「これなあに?」というように。

そこでお母さんが「大丈夫だよ」「こわくないよ」「もってごらん」と応えてあげると、子どもは振り返ればいつも自分を見守っていてくれる人がいるんだと感じる。エムディは、そういう育てられ方をするたびに、子どものなかに「ソーシャル・リファレンシング」というものが豊かに育つと言いました。

人間は大人になるにつれ、社会のルール、規範、規律、約束ごと、そういうものに敏感に反応しながら行動します。それがソーシャル・リファレンシング、社会的参照です。自分以外のものを参照する。その感情がこの時期にめばえ、社会性の基盤をつくります。

ソーシャル・リファレンシングは、見守られることのほかに、喜びの分かちあいによっても豊かに育ちます。子どもがおもちゃをじょうずに使えたとき。うまく着替えることができたとき。お母さんのほうをみて「ママ、できたよ」という表情をすることがありますよね。そのとき、お母さんが目をあわせ、「よくできたね」と言って、いっしょに喜ぶ。そういうことで、子どもは社会性を、共感性を、はぐくんでいくのです。

エムディはのちに、赤ちゃんを見守る役割を担うのはお母さんだから、マターナル・リファレンシングと言ったほうがいいかもしれないと言いました。マターナル・リファレンシング。お母さんとの関係。お母さんを参照すること。エムディもまた、マーラーと同じように、母親の重要性を示したわけです。

この時期に見守ってもらえなかった子は将来どうなるか

ソーシャル・リファレンシングは、エムディのすぐれた研究から導き出された感情で、重要なものです。彼は、生まれたばかりの赤ちゃんがどのように育って少年や青年になるのか、数多くの子どもたちによりそうようにして、観察したんです。もちろんひとりではできません。彼は研究主幹《しゅかん》をして、共同研究者や大勢の助手と協力しあった。しっかりと研修をつんだ助手たちに、何人もの子どもを分担させて、フォローアップしていったんです。息の長い、壮大な研究です。

赤ちゃんをずっと追跡していけば、いろいろな少年少女になっていきます。研究者たちは、その子たちが成長したあとで、それぞれの子の過去を振り返る。育ち方をひもとくわけです。そうすると、そこからみえてくるものがある。

エムディの研究報告のなかで、世界中の学者が注目したのは、非行や犯罪に走ってしまった少年少女の生い立ちでした。そういう少年少女にはなにか共通点があるのか、それともないのか。世界中の研究者がおどろく結果が出ました。生後六カ月から一歳半までの育てられ方に、もっとも大きな共通点があったのです。

その共通点が、ソーシャル・リファレンシングと、彼がのちに呼ぶようになったものです。自分のことを見守っている人がいるかどうか。多くの場合、母親です。父親や祖父母、保育士が見守っていることもあるでしょう。監視することとは違いますよ。大人が子どもを確認するのではなくて、見守ってくれている人の存在を、子ども自身が確認するんです。そして安心するんです。非行や犯罪に走った少年少女には、その時期に自分のことを継続して見守ってくれる人がいなかったという共通点がありました。

乳児期の子の精神状態を解き明かすのは、きわめて難しいんです。その時期の子は証言してくれませんからね。乳児期からずっと、長い歳月をかけて、少年少女がどのように成長して大人になっていくか、観察するしかないわけです。無数の事例をみていって、そこに共通点を読みとるしかない。そういう調査を、エムディたちはしたんです。そして、社会的人格につながる大切なことに気づき、ソーシャル・リファレンシングと命名した。見事な業績です。のちに何人もの研究者が追試験をおこない、エムディの発表が事実だと確認しています。

エムディと立ち話をして、本人から聞いたこと

私は二〇年近く前に京都で開かれた、児童青年精神医学会の国際大会で、エム

ディに会ったことがあります。彼の感動的な講演を聞いたあと、廊下で立ち話をしました。気さくな方でした。一五分くらいの立ち話につきあってくれたんです。見知らぬ人間である、私との対話に応じてくれました。

エムディは「自分たちは非行や犯罪をした少年少女に、ひとつの共通点を確認しただけだ」と言いました。「共通点がこれだけかどうかはわからない。自分たちがはっきり確認したのはこの事実だ」と、ひじょうに謙虚に話していました。彼はデータを厳密に扱っています。ソーシャル・リファレンシングの獲得時期について、論文では、生後六カ月から一歳半と、はっきりと書いています。

私は彼に聞いたんです。「一歳半をすぎたら、もう手遅れだなんて、われわれ臨床家にとっては、こんなに悲しいことはないですよね」「二歳になっても三歳になっても、やはり見守ってやることは大切でしょう」と。

すると彼は答えました。「それはそうです。だけど、私たちは研究者です。研究データをもとに発言しています。生後六カ月から一歳半とはっきり書いたのはそのためです」と。けれど彼はこうも言いました。「臨床家はもう少し、漠然としたことを話してもよいでしょうね。二歳、三歳までしっかり育てることも、それはそれで価値があると思います。だけど、研究論文を書くときには、そういう態度ではいけません」と。そうなんですよね。研究とは、そういうものなんです。だからこそ、エムディの導き出したことに、意味があるんですよね。

人物コラム

ロバート・エムディ（一九三五〜）

アメリカの精神科医です。コロラド大学健康科学センターで教授をなさっていました。現在は名誉教授となって、引きつづき、コロラドで乳幼児のこころの発達について、研究なさっているそうです。

エムディは「ソーシャル・リファレンシング」の発見でよく知られていますが、ほかにも乳幼児の運動能力や言葉の発達、幼児の家族との葛藤などについて、研究発表をしています。子どものこころの病気を防ぐ、予防的な対応に関して、国際的な評価を得ています。
日本語の翻訳書に『早期関係性障害』があります。

人生で大切なことのほとんどはこの二年間に育つ

人生のある時期に挫折してしまったとき、そのおおもとには、ほとんどの場合、乳児期のつまずきがあります。私が自分の臨床経験で知るかぎり、そうです。クライン教授も同じようにおっしゃいました。途中の歩みは、大きな問題ではない。修正もしやすい。私が接してきた人たち、本当の意味で苦しんでいる人たちは、ほとんどが乳児期、あるいは幼児期のつまずきを経験していました。

今日の研究には、子どもの育ちの核心を、二歳くらいまでのことだと説いているものが多いですよね。だけど人間には、一歳、二歳のころの記憶なんかありません。私もそうです。みなさんもそうでしょう。よほどすぐれたセッティングで、長年、根気のよい研究をすることなしに、一歳、二歳の問題が、人格のなかにどのようにしっかりと組みこまれていくか、実証できないんですよね。

三つ子の魂百までといいます。三歳児神話といいます。慣用句でも神話でもないんです。三歳どころか、重要なのは一歳、二歳です。近年の実証的研究が、そのことを明らかにしています。

だからこそ乳児期の子から目を離さないで

非行や犯罪に走らせないこと。モラルの発達。そういうことを考えるのならば、乳児期にいつもお母さんやお母さん代わりの人が見守っていてくれることが重要です。ただ見守っていること。なんでもないことのようにみえて、いかに大きな意味があるか。マーラーが解説し、エムディが示してくれました。

保育士さんたちの勉強会に呼ばれたときには、私はこのことを必ず強調するんです。**乳児期の子どもを預かって保育をしている人たちは、何人の子どもをみていても、こういうことを忘れないでくださいと。**たとえて言うなら、オーケストラの指揮者が、数十人の演奏者たちそれぞれの音に聞き耳を立てながら、全体の音を構成していくようにです。何人の子どもを預かっていても、一人ひとりの子どもの行動がみえるように、たえず気配り目配りをしながら保育をしてあげてくださいとお話しします。

○歳、一歳の子の問題は、子どもが大きくなると、いわば潜伏期のような状態になって、みえなくなってしまうんです。みる人がみれば、五歳の子、八歳の子が、乳児期に大切に育てられた子なのか、なかば見捨てられるようにして育てられた子なのか、わかるでしょう。でも、たいていの人にはわかりません。一見、なにも問題がないようにみえて、ある日突然、非行や犯罪などの問題になって、大きく出てくる。そこで私たちはびっくりするわけです。ある種の感染症が、潜伏期をすぎて、突如発症したときのように、急に危機に陥るんです。

私は育児ほど創造的な仕事を、ほかに知らない

赤ちゃんを育てることには、その子の生涯の基盤をつくる意味がある。それだけ重要なことなんです。私は、育児はこの世でもっとも価値のある仕事だと思っています。仕事の価値は、どれだけの収入をもたらすかというようなことだけではは、はかれませんよね。**私は、次の時代、次の世代につながる仕事が、価値のある仕事だと思っています。**育児がまさにそうでしょう。

お母さんは妊娠している間、くる日もくる日も、おなかの子どもの健康状態を思いながら、この子のために栄養のあるものを食べようとしますよね。あるいは、この子のためにと思って、休息をとります。そして、おなかの中で子どもが動きまわることを感じて、今日もよく動く、元気だ、今日はちょっと静かだ、心配だな、そんなことを気づかうわけです。そうして、何ヵ月もすごすんです。

そして出産です。たいへんなことですよね。さらに生まれてからは、自分のお

っぱいや人工のミルクを与えて、一生懸命、育てようとするわけです。お母さんはみんな、母親の役割をおいながら、子どもを産み育てているわけです。そういうお母さんたちと、はたでみていたお父さんが、子どもにとって同じ存在であるわけがないでしょう。私は、自分がただボーッとみていたとは思いませんよ。いろいろな程度に、気づかいをしたつもりです。でも実際は、はたでみていたという状態に近いでしょう。父親というのは、そういうものです。

そして、育児不安ほど悲しい言葉は、ほかにはない

育児は基本的信頼をつくり、子どものこころをつくる、すばらしい仕事です。でも、お母さんたちはそんな理屈をもって育てているわけではないですよね。わが子がかわいいから、そういう育児になるんでしょう。

いま日本では、育児不安や育児ストレスが強調されるようになりました。無意識にかわいいと思い、無条件に愛してやれば、健全に育っていくはずの子どもで

す。それなのに、親は不安ばかりを意識させられている。子どもたちはたまらないですよ。育児不安。こんなに悲しい言葉を、私はほかに知りません。育児に不安があるのは事実でしょう。そして子育て支援を社会が担うのは大事です。なぜかといえば、家族のつながりや人間的な地域社会がなくなってきたからです。

昔は、家族や地域の人々がいろいろな程度に育児に力を貸してくれていました。お母さんがひとりで子どもを育てていたわけではないんですよね。それはいまも昔も同じなんです。だけど、昔は母親が、自分が育児の主役だという自覚をもっていましたよ。自分にばかりこんな負担をおしつけられちゃたまらないんだという気持ちで育児をした人は、ほとんどいないでしょう。でもいまは、そういう風潮があるでしょう。悲しいことです。

もちろん、育児への協力は大切な、必要なこと

私が言いたいのは、母親は二四時間三六五日、赤ちゃんにぴったりくっついて

育てなければいけないなんていう、そんなことじゃないんです。本当はそうしたくても、仕事やほかのことがあってできない場合があるわけですよね。そこの部分をお父さん、おばあちゃん、おじいちゃんにお願いする。保育園の方、子育て支援の方に、できない部分はお願いする。それは大事だと思うんです。お母さんとお父さんが育児休暇を半分ずつとるのを、私はなにも悪いことはないと思っています。お母さんが安心してくつろいで育児ができればいいと思っています。

ただ、親が自分の気持ちにそうものではないけれど、お願いしなければいけないと思っているのと、育児の不安から解放されたいというのでは、子どもに対する影響は違います。無条件に愛している。いつも見守っていたい。そういう気持ちがなければ、子どもに本当の意味での信頼は、伝わらないんですよね。

母親も守りたいが、それ以上に子どもを守りたい

育児が負担だという風潮。おかしいですよ。でもそういうことを指摘する人

は、いま日本にいないんですよね。それが女性に理解を示すということだと思われているんでしょうか。私は年をとりましたから、もう、日本中の女性から攻撃されてもいいと思っています。それでもいいから、子どもを守りたい。子どもの精神科の医者ですから。どうしても、子どもを守りたいんです。

子どもを守るために、お母さんも守りたいです。だけど、主客転倒《しゅかくてんとう》してはいけないですよね。お母さんを過度に守ることが、子どもの発達にいい影響を与えるものではない場合には、お母さんの味方をするつもりはありません。

育児は楽しいですよ。本当に楽しい。子どもを育てているこちらが楽しくなる。うれしくなる。私はそのことをこそ、強調したいと思っているんです。

信頼は絶対音感と同じで、あとで得るのは難しい

無条件の愛情によって、基本的信頼が生まれ、愛着が形成されます。自分の価値を知ること、自尊心を身につけることの基盤ができあがります。これは、理屈

で身につくことではないんです。子どもが言葉で教えられて、わかったといって自覚していくことではないんですよね。そしてそれを、乳児期に身につけることが大切なんです。乳児期をすぎると、獲得するのが難しくなっていく。

音楽を学ぶうえでの絶対音感の習得を考えていただくと、わかりやすいと思います。私の家内は小学校に入ってから急に、音楽に大きな関心をもったそうです。けっして経済的に豊かではなかった家族に無理を言って、音楽の道に入ったのです。そして音楽大学のピアノ科を卒業し、音楽の教師をして、その後は音楽関係の仕事やボランティア活動など、いろいろなことをしています。

私には三人の息子がおりますが、家内は子どもたちを幼いころから、ひざにのせてピアノを弾き、歌を歌って聞かせていました。本当に幼いころからそうしていたからか、三人の子はみんな絶対音感を習得したんです。

ところが、不思議なもので、音楽大学で学んで、音楽の道を歩んできた家内には、絶対音感がないんです。家内は、ピアノは楽譜を初見して弾けます。勉強したからできるんです。だけど、たとえば譜面を渡されて「歌ってください」と言われると、「最初の音をください」と家内は答えるんです。最初の音をピアノで弾いてもらう。そうすると、そこから歌っていけるんです。息子たちは、最初の音をもらう必要がありません。譜面をみたら、この音だと感じるんです。この絶対音感は、大きくなってからでは身につかないものなんだそうです。

私はけっして絶望を伝えはしない

ある時期を逃したら、理想的にはいかないことがあるんですよね。基本的信頼しかり、絶対音感しかり。けれど、基本的信頼を獲得せずに成長して、問題を起こしてしまった子に会ったとき、私はもう育てなおすことができないなんて悲観的なことは、臨床家として、教育者として、言えません。けっして絶望的なことを伝えようとはしない。それよりも、とり戻すことはできる、まだまだ希望がある、努力をしていくことが大切なんだと伝えます。元気を与えたいんです。私自身もそう信じるように、自分の気持ちをふるいたたせるようにして、伝えます。

あとになって基本的信頼を獲得するのは、ひと筋縄ではいかないことだと承知しているんです。いかに困難であるか、重々承知したうえで、それでも希望を伝えたい。どこまでできるか、最善を尽くしましょうと、そう言っています。これはある意味では、臨床の真理です。臨床とは、そういうものです。

私と同じような立場の方、臨床家や教育者の方々は、助言をしたり、相談をしたりする機会があるでしょう。そのとき、事実をありのままに言えばいいというものではありませんよ。嘘をつくのはよくないです。けれど、事実をそのまま伝えたら絶望しかないというときに、私はそんな話をしません。希望を伝えます。いくらでも育てなおしはできると、信じて言いたいんです。

基本的信頼の不足は、人間関係のなかでとり戻すしかない

私たちのような精神科医のところに医療的な相談にこられるのは、小学生や中学生、あるいは高校生など、ある程度大きくなった子どもの家族が多いです。エ

リクソンの言う学童期や思春期・青年期ですね。乳幼児の親が相談にくることのほうが少ないです。学童期以降の子をもつ親が、難しい問題をいろいろとご相談にみえます。でもそれは、実際には、乳児期・幼児期の問題なんですよね。

乳児期の基本的信頼の不足が、ある子の場合には小学生時代に、ある子の場合には高校に入ってから、表に出てきている。そういうことが圧倒的に多い。子どもの精神科でたくさんの相談を受けてきて、率直にそう感じています。

基本的信頼。多くの場合、母親の無条件の愛によって獲得するものです。小学生になって、それが不足しているのなら、理想的なことを言えば、母親に受け止めてもらう体験をやりなおすことがいいんですよね。「もう大きくなったんだから」なんて言わないで、母親が十分に受け入れてやる。十分に守ってやる。そういうことでしか、基本的信頼は獲得できないわけです。

思春期・青年期も同じでしょう。小学生よりもっと大きくなっていますから、母親に受け止めてもらうのは、難しくなってきますよ。それでも、そこからはじめなければならない。発達にとび級はないんです。母親に十分に依存して、はじめて本当の意味で分離・独立が可能になる。母親や父親との対話が必要ですよ。本人の努力や社会経験だけでは解決しきれないつまずきがあるんです。

基本的信頼の不足は、人間関係によってとり戻すしかない。とくに母親との関係によって。それをとばせば、みせかけの前進になる。大人になって、誰かを母親のように頼って依存して、不自然な、ときには不健全な人間関係のなかに生きるようになります。母親との関係。あるいは、母親代わりの人との関係。そこからとり戻すんです。ある意味では、育てなおしですよね。

身近に小さなお子さんがいる方は、その子と母親が最初の一年、二年をむすびついてすごせるように、支えてください。力を尽くしてください。その時期が大切なんです。このことは何度でもくり返してお伝えしたいと思っています。

第四章

幼児期

愛されながら、自信をはぐくむ

二〜四歳のテーマは「自律性」を身につけること

乳児期の次は幼児期です。幼児というと、一歳ごろから小学校に入る前の五歳ごろまでというイメージがあるかもしれません。エリクソンが幼児期としたのは、そのうちの前半ですね。おおよその目安としては、二歳ごろから四歳ごろになりましょうか。この時期に乗り越えていかなければいけない、危機的な主題。それは「自律性」の獲得です。自律性は、幼児期にもっとも豊かに育ちます。

自律性。自分で立つと書く自立とは違います。自分で自分を律すると書くほうの自律ですね。英語ではオートノミーです。もう少しかみくだいた言い方をすると、セルフ・コントロール。自らをコントロールすることです。私たちはたえず、自分で自分の衝動をコントロールしながら生きています。いろいろな程度にね。その力が、二歳から四歳ごろに身につきます。

自律性は、なにかをがまんするという単純なものではありません。忍耐力のことではないんです。自分で自分の衝動を律するということです。なにをするか、自分で決めるんです。自信が育っていないとできません。そして自信は、基本的信頼を獲得していなければ生まれません。ここに発達の順序があるんです。

基本的信頼。お母さんへの愛着。それは母親への依存でもあります。母親に依存して、信頼感、安心感を得ること。それをすることなしに、自分を信じること、母親以外の人への信頼を抱くことは困難ですよね。自信のない子にセルフ・コントロールを教えること。そのためのしつけをすることが、どれほど困難か、保育園や幼稚園で働いている先生方には、すぐにご理解いただけることだと思います。

自律性のある子は、外ではいい子、家ではだだっ子

幼児期のつまずきは、どのように表れるか。保育園や幼稚園、託児所に行くと、わかります。親の前ではいい子で、保育園では手がかかる子がいるんですよ

ね。家庭では、とくに問題がないようにみえます。親のしつけがよくできていて、保育園では慣れていないからわがままをしているようにみえるんです。ところが、そういう子は多くの場合、学校でも社会でも、手のかかる子になっていきます。さまざまな地域で子どもをみてきましたが、どの地域でもそうでした。

親にとっては手がかかり、保育園ではいい子というほうが、安心なんです。保育園で、年齢相応にルールが守れて、集団生活ができる子です。保育士さんは、いい子だと思っていらっしゃる。いっぽう、親は朝晩、送りむかえをするときに子どもが甘えてだだをこねるので、手がかかる子だと思っている。そういう子の将来は、むしろ安心なんです。なぜかといえば、そういう子は、親に本音で向かえるんですよね。親を信じているんです。だから親の前では、だだっ子なんです。これが、乳児期の基本的信頼の意味なんです。

保育園というところは、家庭の代わりとも言われますが、子どもにとっては、やっぱり子どもどうしの社会なんです。厳密な意味で、家庭と同じではないですよ。そこでルールが守れる子のほうが、社会で安定した、自律した行動がとれる。それが、社会性があるということですよね。

健康な子には、母親にいつでも甘えられる安心感がある

母親は、家庭で子どもを受け入れて、安心して好きなことが言えるようにしてあげてほしいんです。母親に対して、あるいは父親に対しても、本音でものが言える。そういう育ち方をしたほうが、はるかに安心です。そういう子は、親にいつでも甘えられると思っています。強い安心感をもって生きているんです。だから人を信じることができる。外では手のかからない、いい子になるんです。

さまざまな地域で、保育園や、いろいろな育児の場をまわりました。三〇年以上、通いつづけた地域もあります。それだけ通っていると、子どもたちが一五歳、一八歳と成長していきます。その子たちを目をこらして追いかけていたわけではありませんが、お会いする方に「あのときの○○ちゃん、どうしていますか」と聞いてみると、その後の成長ぶりがわかります。親にだだをこねていた

子、母親に甘えていた子は、健康に、いい成長をしているんですよね。

信頼感を育ててから、しつけをする

幼いころからルール違反をする子どもと、子どもらしくルールを守れる子どもがいますね。保育園や幼稚園で先生たちは、ルール違反をする子を、いろいろなことができるようにしていこうと、一生懸命しつけをします。けれど、園でいくらがんばっても、難しいところがありますよ。園という幼い子どもたちの社会でルールが守れない子は、その前の段階、つまり家庭で、基本的信頼を感じる相手をもっていないんです。お母さんにそういう感情を抱けなかったんですよね。

だから、先生たちがその役割を代行せざるをえない。ルールを守らない子は、しかったり、注意をしたり、罰を与えたりしても、よくはなりません。むしろひどくなります。言うことを聞くようになんて、なりませんよ。しかってわかるものではないんです。実感をおもちの方も、いらっしゃるんじゃないでしょうか。

そういう子に対しては、しかりつけるのではなく、基本的信頼をつくるところからやりなおすんです。大人が子どもに無条件の愛情を示す。子どもの要求を受け入れてあげる。そこからはじめて、じょじょにしつけを教える。保育園でそれをするのはたいへんですよ。とくに三歳、四歳になってからではたいへんです。でも、大切なことなんです。

しつけとは、大人が自分たちの文化を子どもに教えること

しつけと簡単に言いますが、みなさんは、しつけとはなにか、説明できますか？　意外に難しいのではないでしょうか。

私は、しつけとは、子どもに私たち大人の文化を教えていくことだと思っています。それぞれの国や社会に、長く育ててきた文化がありますね。それを子どもに、小さなときから少しずつ教えていくわけです。乳児期から教える親は、ほとんどいないでしょう。幼児期になって、子どもが言葉を理解するようになるころ

から教えていく。こうしなさい、こうしてはいけませんと話しながらね。

手づかみで食べてはいけません、スプーンで食べましょう。おしっこやうんちはできればここにしなさい。ここにできるようになればいいね。そういうことを、この子はもうそろそろ理解できるかなと思うころに、教えていくわけです。なにをするか、なにをしないか、子ども自身が考え、選べるようにしていく。それがしつけであり、具体的な自律性なんです。

教えたら、子どもができるようになるまで待つ

しつけでもっとも大切なのは、待つことです。子どもになにかを教えたら、自分でできるようになるまで待つ。そうすることで、自律性が育ちます。

私はたまたま、書家・詩人の相田みつをさんとの共著で『育てたように子は育つ』という本をつくる機会に恵まれました。相田さんの作品に、私が児童精神科医の立場から解説を加えるという本です。その本のなかに、相田さんの「待って

もむだなことがある」「それでもわたしはじっと待つ」という言葉があります。

相田みつをさんが、なにを思ってそれでもわたしは待つと表現したのか、わかりません。しつけの話ではないかもしれません。だけど私は思うんです。子どもが育つことについて、こんなに意義深いことを、こんなにもたくさん、よくも考え出されたものだと。そう思いながら、それでもわたしは待つという言葉を受け止めています。

相田さんは、そういう言葉を、なんともいえない不思議な字でお書きになるんですよね。待ってもむだかもしれない、それでもわたしは待つ。子どもにしつけをするとき、こ

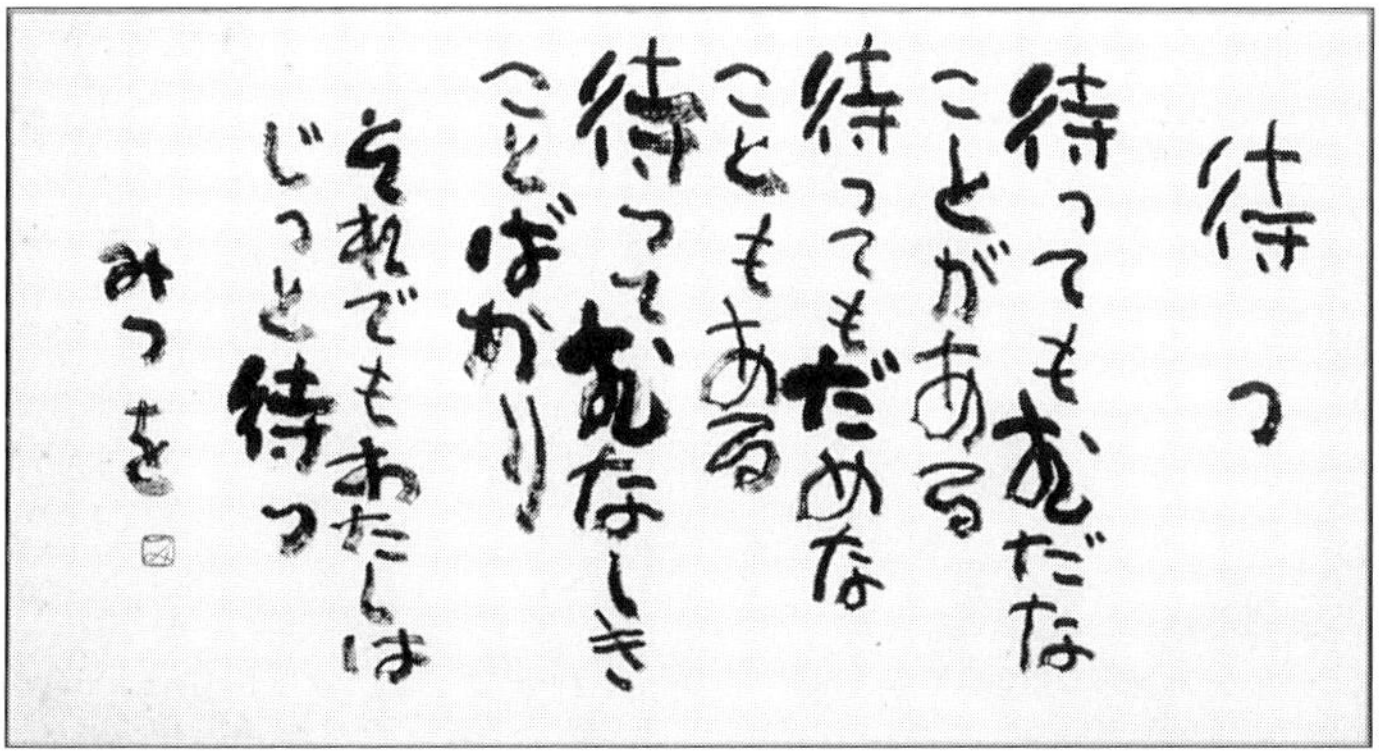

©相田みつを美術館

れくらいの気持ちになれたらいいですね。「早く早く」と言わない。「まだできないの」と言わない。むだかもしれなくても待つ。

親は「木のうえに立って見ているもの」

相田さんの言葉に、こういうものもあるんです。「遠くからみている」。そばへ行ってやいのやいの言わないということでしょう。いい言葉です。

どこかでこの言葉を紹介したときに、教えていただいたことがあります。ある方に「親という字を知っていますか」と聞かれたんです。当然、「ええ、知っています」と答えました。そうするとその方は、「親という字は、木のうえに立って見ていると書くんですよね」とおっしゃいました。な

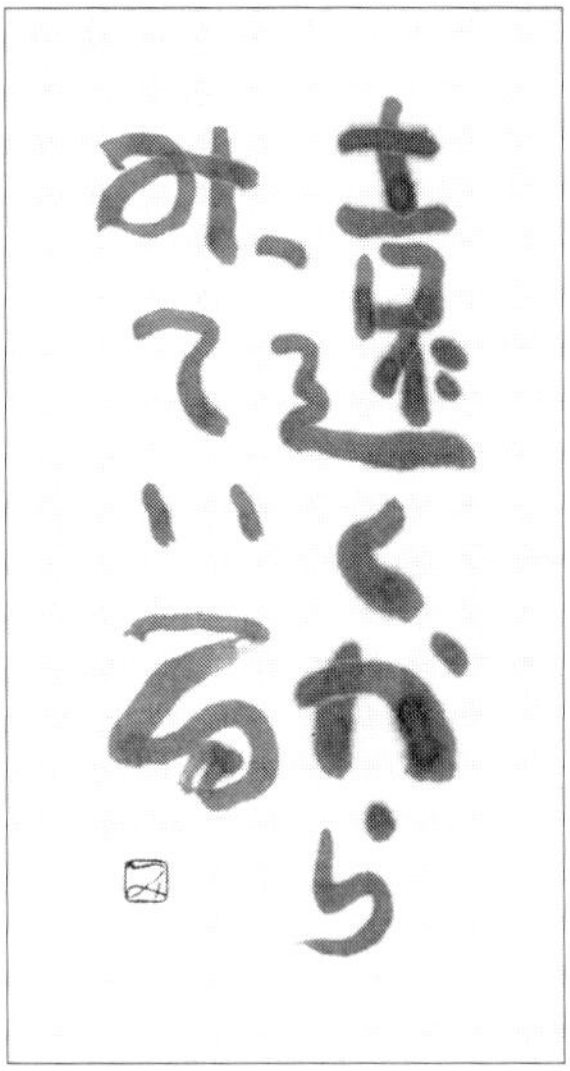

るほど、まさに「遠くからみている」ですね。

遠くからみている。待っている。待ってもむだかもしれない。本当はむだじゃないんですよ。むだだとしても待つというくらいの気持ちでいたいと、そういうことなんです。

大人が待ってあげるから、子どもの自律性が育つ

エリクソンもまた、文化を教えるときは、ただ教えるんだといっています。ただ教えることが、自律性をはぐくむんです。教える。そして子どもができるようになるまで、待っていてあげる。教えたら、成果が出るまで待つんです。

教えたこと、しつけをしたことを、子どもがいつ実践するか、自分で決めさせてあげるということです。いつからはじめるか、その時期の決定を、子ども自身にゆだねる。子どもに決めさせてあげるから、自律性が育つんです。

育児書にはよく平均的な発達の目安が書いてありますが、実際には、平均より

ゆっくり成長するくらいがちょうどいいんですよね。そのくらいの気持ちで待ってあげるのがいいですよ。

早く早くとせかす親は、子どもの自律性を育てるのが下手ですよね。私は、子どもの自律性を育てるためには「がんばれ」と「早く」は禁句だと思っているんです。子どもを上手に育てる人は、「早くしなさい」とあまり言いません。そんなに早くできるわけがないことを知っているからです。「がんばれ」とも言いません。子どもは、がんばれと言われて、がんばる子になるわけじゃないですよね。むしろ、そう言われなかった子のほうが、がんばるようになりますよ。

人物コラム

相田みつを（一九二四〜一九九一）

栃木県出身の書家です。詩人と紹介されることもあります。相田さんは中学校を卒業したあと、歌人の山下陸奥《やましたむつ》、禅僧の武井哲応《たけいてつおう》、書家の岩沢渓石《いわさわけいせき》各氏に学んだそうです。三〇歳のころから書家として展覧会を開催するようになり、やがて書道展への連続入選を果たしました。書家としての評価が高まり、書をまとめた本が何冊もベストセラーになっています。『にんげんだもの』などの著作があります。

このころ、他者を受け入れる力も育ちはじめる

二歳になるころ、子どもたちは視覚的に自分と他者を区別することができるようになります。そして、こころのなかでも主体と客体の区別がはじまる。ワロンはそれを、自分のなかの二極化だと言いました。自分と相手がいる。この二つの役割が、子どものこころのなかに誕生するんです。

高速道路のパーキングエリアで食事をしたときのことです。家族連れがいて、

一歳くらいの小さな子がいました。その子が急に笑い出したんです。その家族の近くの席に、別のお客さんでおばあさんがいらして、その方がお愛想をしていたんです。子どもはきゃっきゃと笑っていました。やがてお母さんが気づき、おばあさんに「ご迷惑をおかけします」と言っていました。けれど、おばあさんはうれしそうにつづけていました。なにも迷惑ではないんですよね。おばあさんご自身も楽しんでいるんです。やがておばあさんはくたびれて、子どもを誘うことをやめました。すると今度は、子どもがもっとしろと催促をするんですよ。

なにを申し上げたいかというと、この子のなかには、他者がいるんです。他者を意識しているんですよね。相手が笑ってくれたから自分も笑う。そのうちにこちらから笑いかけて、相手の笑いを誘う。最初は子どものほうが受け身でした。それが途中から、子ども主体に変わったんです。もっとやってくれと要求した。受動的から主体的へ。二つの役割を、こうして子どもは覚えていくわけです。ワロンはそれを社会的な人格形成の芽だといいました。

人間は他者との関係のなかで成長する

自分のことしか考えない人。たくさんいますよね。もちろん、誰もが自分のことを第一に考えてはいますよ。だけど、いろんな程度に相手のこと、家族、友達、知人、いろんな人のことを考えながら生きるわけです。

自分のことといろんな人のこと、二つを考えながら生きるわけです。個人差はありますよ。どれくらい気づかいができるか。生い立ちやライフサイクルの歩みによって、自分を他者とどのように調和させながら生きるか、決まってくるわけです。精神分析の高名な学者ハリー・スタック・サリバンは、**人間は人間関係のなかに、自分の存在や価値や意味を知る**というふうに言っています。

他者との関係のなかで生きるのが、私たちの健全な生き方なんです。他者との関係のなかで、自分というものができていきます。ひとりで大きくなったわけじゃないんです。昔の大人は子どもをしかるときに、よく言いましたよね。「お前は自分ひとりで大きくなった気でいるのか」って。そういうことです。

私たちは自分ひとりで育ったわけではない

ワロンはこう表現しています。**人間は人との関係によって人間になる。**ワロンは、子どもが育つプロセスを根気よく研究した人です。それは、人間が人間になっていくプロセスと言ってもよいでしょう。サリバンやワロンの考えとエリクソンの考えをむすびつけながら考えていくと、より深く理解できますね。

ワロンは、人間には自分になるための他者がいなければならないとも言っています。他者があるから自己があるということです。私たちは、自分の力でいまの自分になったと思いがちですが、そうではないんです。親に育てられてきました。友達や先生、地域社会の人たちに出会いました。自分が育ってきた道を振り返ってみれば、わかりますよね。

他者がいるから、自己がある。他者によって自分になる。自分になるためには他者が必要だ。ワロンはくり返し言っています。自分のなかに他者の存在がしっかりあると実感すること。はっきり言葉で表現できるような自覚でなくてもよいのです。子どものときであればあるほど、他者を認めることが、その後、社会的人格を形成するための基盤になるのです。

人物コラム

ハリー・スタック・サリバン（一八九二〜一九四九）

アメリカの精神科医です。こころの病気の治療には、友達をはじめとする人間関係が重要だと示し、確かな治療成果をあげた医師です。サリバンは精神医学を、人間関係の学問だと言いました。彼自身が、幼少期に両親とよい関係をもてなかったり、友達をうまくつくれず、こころを病んだ経験があるそうです。だからこそ、人間関係の大切さを理解していたのでしょう。

日本語の翻訳書に『精神医学は対人関係論である』などがあります。

ここで自律性をもてなかった子が、いじめをする

平成二二年度の小学校・中学校・高等学校における暴力事件が約六万件と発表されました。そして同じ年度に、いじめが八万件近く報告されています。学校での暴力といじめが、驚くほど多いですよね。これ以外に、学校で把握していないものもあるだろうと言われています。そちらのほうが多いかもしれません。

はげしい暴力事件、はげしいいじめです。教師にもはげしい暴力をふるうでしょう。器物を破損する子もいます。いまの若者は、衝動性がひじょうに強いですよね。そして、コミュニケーションの能力が極度に落ちてきました。

衝動をおさえることは、学校に入る前に身につけることなんです。自律性。幼児期の前半のテーマですよ。自分で自分を律する。幼児期にきちんと解決しないまま学童期をむかえる子が増えているということです。

暴力が6万件、いじめが7万件

暴力

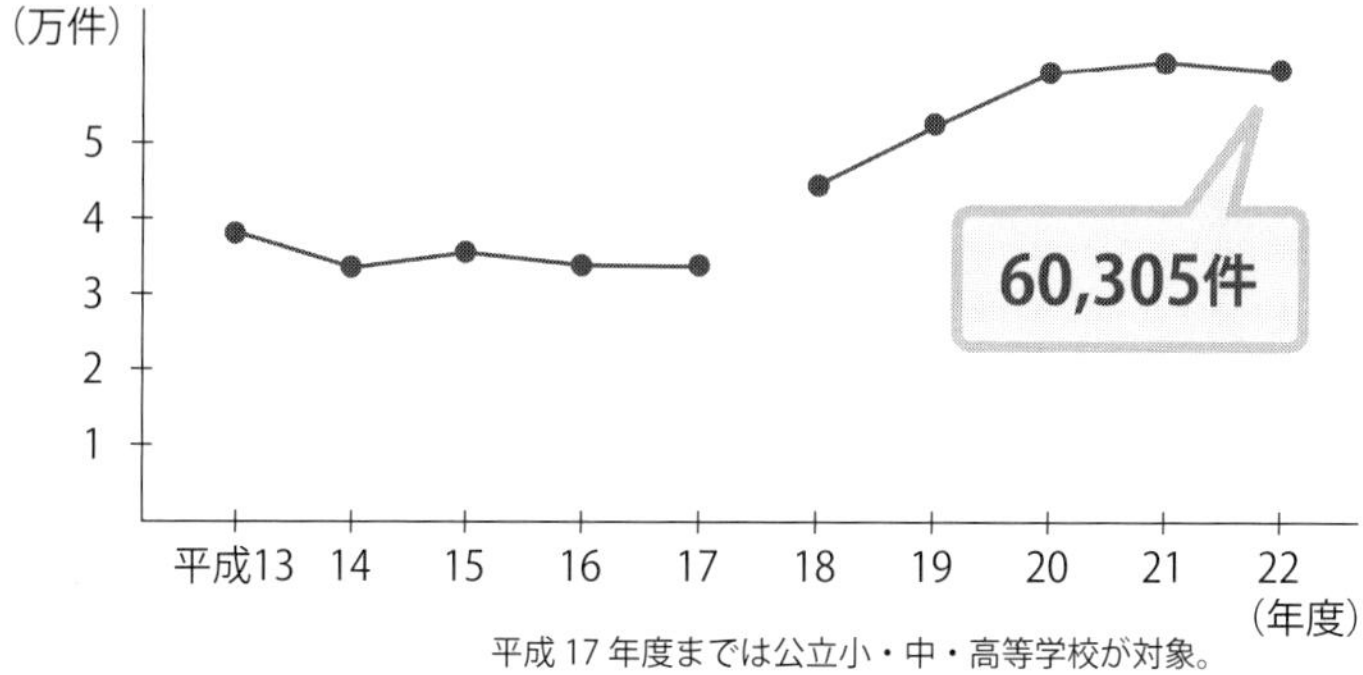

平成17年度までは公立小・中・高等学校が対象。
平成18年度から国立・私立も対象になり、件数が増加した

いじめ

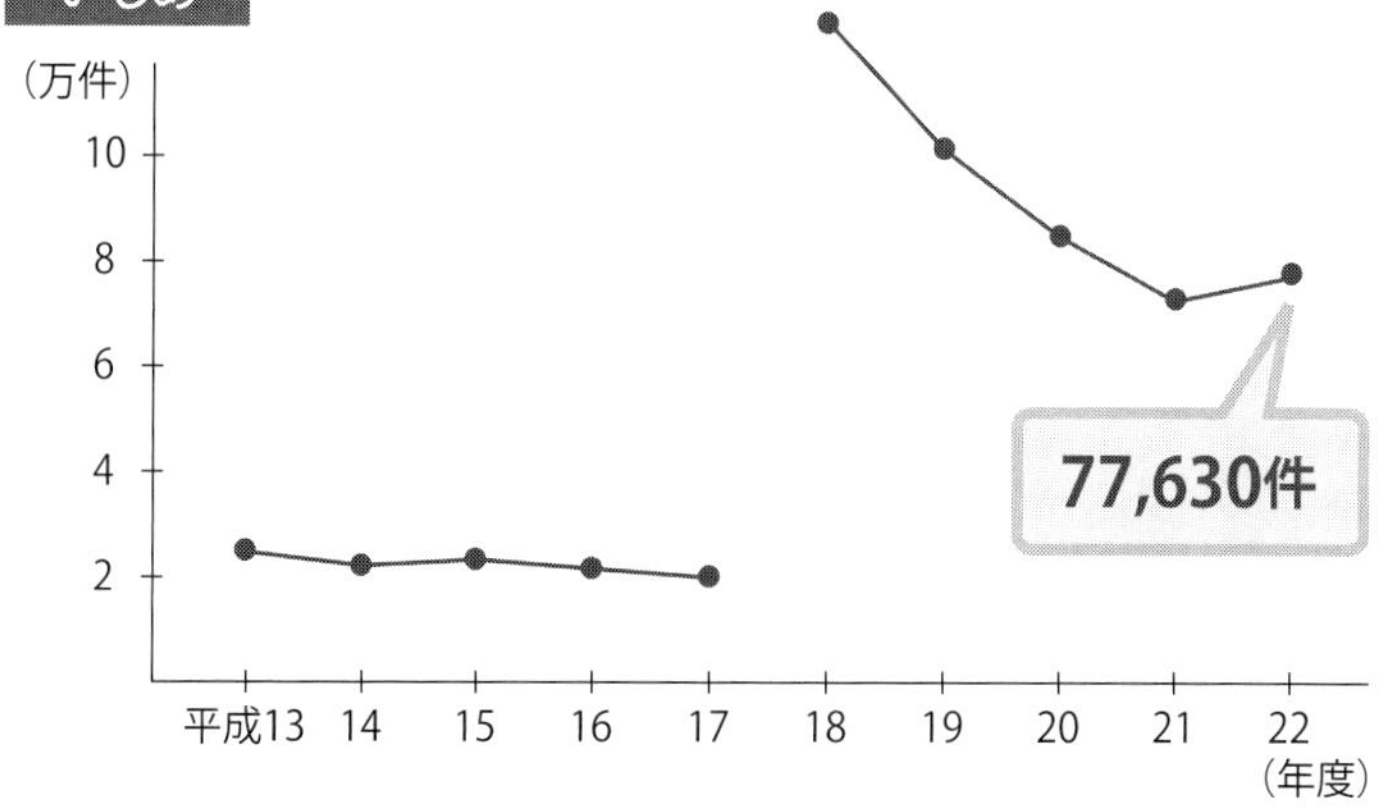

平成18年度に調査方法が変更。18年度の激増はそのため。その後の減少を文部科学省はいじめ自体が減っているのではなく、調査方法などによる変動とみている

出典：文部科学省初等中等教育局児童生徒課
『平成22年度「児童生徒の問題行動等生徒指導上の諸問題に関する調査」について』

いじめっ子よりも、その子を育てた親の責任が重い

いじめというのは、本当は、本人の責任ではないんですよね。もちろん、その子を育てた親の責任だとばかり、単純には言えないところもあるでしょう。だけど、子ども自身よりも、親の責任のほうが重いですよ。

社会学者の森田洋司《もりたようじ》先生が、日本各地の小・中学生を対象にして、いじめの調査研究をされました。いじめがあったときに、それに加担するような行動をする子どもと、いじめをやめさせようと努力する子どもの、決定的な違いはなにか。研究発表のなかで森田先生は、その子が自分の親との関係をどう感じているかが重要だと説明しています。

森田先生は調査票を使って、子どもたちに質問をしたんです。両親によく相談をしますか。両親はあなたの生活をよく知っていますか。さまざまな質問で、子どもたちに、両親との関係がよいかどうか、たずねたわけです。

いじめに加担する子の多くは、親との関係が悪いと思うほうに丸をつけました。いっぽう、いじめがあったときになくそうと努力をする子もいるんです。そういう子は反対に、親との関係がよいと思うほうに丸をつけました。いじめに対して、親子関係がどれほど重要な意味をもっているか、わかりますよね。

わが子をいじめっ子にしないためにできること

きびしい言い方をすれば、親子関係のつまずきのなかで、いじめに加担してしまうような感情が育ってくるということです。調査研究によって、そういう結果が出てきたわけです。けれど、調査研究は同時に、いじめを防ぐ子どもたちの特徴もみせてくれました。ちょうどエリクソンが、健康で幸福な道すじを描いたことと同じです。不幸な状態に陥った人の共通点だけではなく、健全な人の共通点もみえてきたわけです。

いじめをなくそうとした子どもたちは、アンケートで親子関係がよいかどうかと問いかけられたとき、自分は親との関係がよいと自覚できた子どもたちです。いつもそう感じているというわけでもないんでしょうね。あらためて問われてみれば、そう思ったということなんでしょう。そういう子どもたちは、クラスにいじめがあったら先生にうったえたり、家に帰って保護者に伝えたりして、いじめをなくそうと努力をするんです。それは、親との関係がよいからできるんですよね。親を信じている。そして自分を信じている。周囲の人を信じている。そういうことなんだろうと思います。

わが子をいじめっ子にしないためにできること。それは、親子で喜びを分かちあい、悲しみを分かちあい、本当の意味でコミュニケーションをすることではないでしょうか。乳児期と幼児期のテーマです。基本的信頼と自律。親を信じ、自分を信じるこころを育てることが、わが子をいじめっ子にしないための方法でしょう。そのために、幼児期に大切なのが、待つことなんですよね。親が子どもの育ちを信じて待つ。そうすることで、子どもも親を、自分を信じるようになる。自律性が育ちますよ。自分の衝動をおさえられるようになります。二歳から四歳くらいの子の話です。そうやって育った子は、将来、いじめに加担しようなんて思わない。自分で自分のすることを決められますよ。それは、親がいつも信じて待っていてくれたからなんです。

いっぽう、もしもわが子がいじめられていたら。そのことに気づいたら、親がまずやることは、学校を休ませることです。そこからいろいろな手をあれこれ考えていけばいい。まずは学校を休むこと、登校を拒否することです。**いじめがおこなわれるようなひどい教室に行く必要はまったくありません。そこに豊かな人間関係はないでしょう。**こわれた人間関係しかありませんよ。そんなところに行かせてはいけない。いじめられている子が身近にいますか？　もしいるのなら、今日から休ませてあげてください。その子を守ってあげてください。

第五章

児童期

遊びのなかで、挫折と成長を経験する

四～七歳のテーマは「自主性」をはぐくむこと

三つめの時期は児童期です。四歳から七歳ごろ。幼稚園のころです。保育園ではクラスが上がって、年中さん、年長さんですね。とはいえ、エリクソンは年齢を厳密には区分していませんから、あまりこだわらずにお考えください。

乳児期の基本的信頼、幼児期の自律性につづいて、児童期のテーマは自主性です。積極性、主体性、目的性という側面もあります。自主性。好奇心をもち、自分からすすんで活動することです。

「子どもは遊ぶのが仕事」というのは本当

エリクソンは、この時期の発達にとってもっとも重要なことは遊びだと言いました。遊びがさまざまな面で、子どもを成長させることを説いています。

探究心。実験的に活動する力。創造力。ものごとを新たに生み出すという意味の、クリエイティブの創造ですね。それから、空想、想像する力。イマジネーションの想像力。こういうものをみんな、遊びが育ててくれるんです。そういうふうにこころを育てることを「遊び」と呼ぶのだと言ってもいいでしょう。

児童期、四歳から七歳ごろまでに、みなさんはどれくらい、実験的な遊びをしましたか。この時期の子どもが身近にいる方は、子どもをどれくらい遊ばせていますか。この時期は、遊ぶのが仕事なんです。よく言いますでしょう。「子どもは遊ぶのが仕事」だと。あれは本当なんですよね。

遊ぶことと、なにもせずゴロゴロすることの違い

日本語の遊びという言葉には、よくないイメージがあります。そのために、遊びが大切だとお話ししても、うまく伝わらないことがある。日本語で遊びというときには、無駄なこと、つまらないことというイメージがあるでしょう。そうで

はないんですけどね。

私の子どもたちが小さかったときに、家の二階でごろごろ、ぐずぐずしていたことがありました。家内が子どもたちに向かって、階段の下から「お手伝いにきなさい」と言ったんです。すると、二階から「いやだ」と声が聞こえてきた。家内は「遊んでばかりいないで」と言いました。子どもたちは「遊んでなんかいないよ」と答えました。「じゃあ勉強しているの？」と聞くと、「勉強なんかしていないよ」と返ってきます。最後に家内が「じゃあなにをしているの？」と聞いたら、子どもたちは「なにもしていない」と答えたんです。

親の私が言うのもおかしいのですが、見事な返事だと思いましたよ。子どもたちは、楽しく遊んでなんかいなかったんです。もちろん、勉強もしていない。なにもしていないんです。家内が「遊んでいないで」と言ったように、日本語でいう「遊び」は、くだらないことをしている時間をさすことがありますが、そうではないんですよね。**こころの発達、社会性の発達を考えるときには、遊びをくだらないことだなんていったら、とんでもない間違いなんです。**

大人の介入なしでは遊べない子どもたち

少し前に、ある地域の児童館の方が、新聞に投書をよせていました。いまの子どもたちは自由に遊ぶことができないというような内容の投書です。

いまの子どもは、遊ぶ場所を提供して、遊具を買いそろえてあげて、仲間を集めてあげて、それでも遊べないんだと書いてありました。子どもたちが自由気ままに遊んでくれたらよいが、そうならないので、大人が手を貸して、遊ばせていると。大人が子どもを遊びに誘うなんて不自然なことだとわかっていながら、介入しているそうです。健全なことをおっしゃっています。本当にそうなんです。

私たちが子どものころは、遊びに大人が手を出してくるなんて、いやでしたよ。関係ない人は向こうへ行っていてくれと思って、仲間うちで遊びました。それが子どもにとっての社会性でしょう。そうやって、社会的な人間関係を築いていくんですよね。

本来は、親がほうっておけば、子どもはよく遊ぶ

私たちが子どものころは、当たり前のようによく遊びましたが、親が「遊びは大切だ」なんて意識をもっていたわけじゃないんです。親たちは子どもに目をかけ、手をかける時間がなかったから、子どもをほうっておいたんです。だから私たち子どもは、自由に気ままに遊びを楽しむことができました。

そのころだって、「しっかり遊んでおいで」なんて言う親はいませんでした。親というものは昔も、「遊んでばかりいないで」と言いましたよ。だけど子どもは遊びました。いまほど目や手が行き届かなかったのが、かえってよかったですよね。

いまは親の目が行き届いて、子どもはすぐに連れ戻されてしまうでしょう。遊びたくても連れ戻されて、習いごとに行かされたりする。高い月謝を払って。車で送りむかえされてね。そんなことで、子どもが本当の意味で育つはずがないで

しょう。なかなか見事には育たないじゃないですか。

ここでは児童期の遊びの話をしていますが、遊びが豊かに発展していくのは、じつは学童期です。小学生時代ですね。だけど、保育園・幼稚園のころからよく遊んで、軌道にのってから学校に行くのが幸福です。大人があまり子どもを見張りすぎないようにして、子どもが自分から遊べるようにする。そうすれば、子どもはもっともっと健全に育つ。そういうふうに思っています。

子どもは遊びながら、目標の立て方を学んでいる

まだ幼児ですから、自由に遊ぶといっても、たいしたことはできません。でも、本人たちには、両親から独立した活動ができているような感覚があるわけです。仮想独立です。なんでも自分でやってみようとする。そして限界を知る。それを遊びのなかで体験していく。遊びながら自分の力を知り、自分で目標を立てること、努力することを体験するんです。そういう活動ができるようになること

が、児童期のテーマです。

すべての時間を遊びに使うような、そんな無茶はしなくてけっこうです。私はそうであってもいいと思いますが、なかなかそうはいかないでしょう。でも、それくらい、遊びはいいですよね。

私は、遊びを大切にして、すぐれた実践をしている保育園・幼稚園をいくつか知っています。ある園では地面から二階まで、大きなネットが張ってあるんです。子どもたちがそこをのぼっていく。どうすればのぼれるのか、考えながら。先生方は「無理しなくてもいいよ、卒園までにのぼれるようになったらいいね」と言ってあげるんです。最初のうちは、子どもが一歩、二歩のぼったら「もうそこでいいから、おりておいで」と声をかけたりする。子どもたちはわりあいに早く、二階までのぼれるようになるそうです。

遊び場を少し工夫することで、子どもたちが目標をもって、楽しみながら活動ができるようにしているんです。いいとりくみですよね。

道具を別のものに見立てて遊び、想像力をはぐくむ

ピアジェは、この時期に遊んでおかなかったら、すぐれた想像力のある仕事はなかなかできないと言いました。エリクソンが自主性、自発的な探究心をこの時期のテーマにしたことと、重なる部分があります。

これはピアジェも、そのほかさまざまな発達学者も言っていますが、子どもに遊具を与えるときに、そのもの自体に最初から意味があるようなものよりも、子どもが遊び方や使い方を自由に想像しながら遊べるようなもののほうがいいんです。あるいは、そういう遊び方がいいんです。完成された、市販のおもちゃを与えるのではなく、布切れを渡すとか、木の切れ端を与えるとか、そういうことです。子どもはなんでもないものを気に入って、想像力を働かせて、楽しく遊んだりするんですよね。

シュタイナー教育という教育法でも、顔が描かれていないお人形を渡して、自

由に想像させたり描かせたりしますね。子どもは、このお人形さんはこういう顔なんだと、自由に想像しながら遊ぶんです。

私が子どものころも、たとえば田畑のなかに立っている掘っ立て小屋なんかで遊んでいましたよ。そこに誰もいないとわかると、そっと侵入して、これがお城だなんて言ってね。想像力を使って遊んでいました。あるいは、竹ぼうきにまたがって、走りまわって、馬に乗っているとかね。いろいろな想像をふくらませて、暗くなるまで遊んでいました。

子どもにとって土手をのぼることが実験

子どもの遊びをみていると、なかなか思いどおりにならないことをしています。そして、「明日は思いどおりにしてやろう」と思っている。たとえば木のぼり。これ以上は高くてのぼれない。だけど友達はもっと高くのぼれる。明日はもう少し高くのぼろう。そう思っていることが、みていてわかりますよ。

ピアジェも言っています。子どもは遊びのなかでたえず実験をくり返していると。昨日できなかったことを、今日はできるかな、とくり返している。本当にそうです。ピアジェは、それは科学を志す心理に直結するとも言っています。自分の限界を知る。限界を知るけれども、その限界をのばそうとする。広げようとする。そういうことが最初に旺盛にはじまるのが児童期なんです。

土手がある。のぼろうとしたらすべり落ちてしまった。何度のぼろうとしても、すべり落ちてしまう。しょうがないから階段のあるところまで走っていって、土手の上にのぼる。でも、友達のなかには斜面をのぼれる子もいる。「ぼくものぼれたらいいいな」と思う。また一度おりてきて、のぼる練習をする。だけどうまくいかない。また次の日にやってみる。そしてある日、のぼれるようになる。こうして実験をくり返し、目標を達成していくわけです。

ところがある日、雨上がりの日に土手に行ってみたら、すべってのぼれなかった。もうのぼれるようになったはずなのに。雨上がりのぬれた斜面ではのぼり方が違うことを、子どもごころに、児童期に知る。ぬれていれば、すべるということとです。経験して知る。想像力を働かせて、実験をくり返して、遊びのなかからいろいろなことを見出して、納得する。理解する。そして次に進む。これが児童期の豊かな育ちです。探究心の芽が育つんですよね。

人物コラム

ジャン・ピアジェ（一八九六〜一九八〇）

スイス出身の発達心理学者です。もっとも有名な心理学者のひとりと言っていいでしょう。今日の発達心理学に大きな影響を残しています。

ピアジェは子どものこころや思考、知能、言葉などの発達を研究し、数々のすぐれた研究報告をしました。自身の子どもの成長を学問的に観察し、ときには実験的なアプローチもおこなって、研究を重ねたといいます。

子どもの認知発達を理論化したことがよく知られています。この本で紹介している、遊びに対する見解も、認知発達理論のなかの一部です。

日本語の翻訳書に『ピアジェに学ぶ認知発達の科学』などがあります。

子どもには、少しケガをするくらいの遊びが必要

遊びを一生懸命、奨励している保育園や幼稚園があります。だけど、遊びの幅を広げるとき、ちょっと間違えると、ケガにつながることがありますね。そのことを保護者によく了解しておいてもらわないといけません。たんこぶをつくる、すり傷をつくる。ひょっとしたら骨折をするくらいのことは、あるかもしれません。それを認めてほしいと、あらかじめ保護者に伝えておくといいですね。

すぐには達成できないような遊びに、自主的にとりくむことが、いかに大切か。二階まで張られたネットや、土手にのぼること。そこから得るものは大きいですよ。ケガにつながることもあるでしょう。けれど、得るものは大きい。本当は、このことを保護者が知っていてくださるといいんですよね。

私は過去にそういった園を訪れて、保護者会のような機会をもうけて、話したことがあります。「子どもにとって遊びは大事です。ケガをするくらいの遊びを、

ある程度はすることです。そうしなければ、ケガをさける動き方、活動の仕方が、いつまでも身につきません」というようなことを申し上げました。こういうことは、第三者が説明するほうがいいんです。園の先生方が話すと、自分たちの管理不行き届きを、免罪しようとしているのだと受けとられてしまう場合があります。

私の三人の息子はみな骨折や脱臼をした

私の家の三人の子は、どの子も骨折や脱臼をしました。多い子は二回も三回もしましたよ。よく遊んだということです。

ある子は、幼稚園から大学までが集合している学校に通っていたんですが、中学生のころ、大学生の先輩たちがサッカーの練習をしているなかに、「ぼくも入れて」と言って、まぜてもらったんです。無謀なことを言いました。見事に骨折して帰ってきましたよ。

学校の先生が青い顔をして、子どもを車で送ってくださいました。監督不行き届きだとおっしゃって。でも本人は「違うよ、ぼくが入れてくれって言ったんだ」と説明しました。私も「これくらいのことで命に別状はないし、治ることですから、どうぞご心配なく」と言いました。骨折の一回や二回は、悪いことじゃないんですよね。わざとすることはないですよ。でも、それくらいの遊びができたほうがいい。

私自身が子どものころは、そういうことがありうる環境で遊んでいましたよ。自分がケガをすることもありますし、友達がケガをするところをみるでしょう。どういうことが危険で、どうやって危険から身を守るか、感じとる力がありました。この点に親がおおらかにならないと、子どもが豊かに育っていくのは難しいですよね。

万が一のことを考えると、こわいのは確かです。そういう意味では、保育園や幼稚園の方は、神経を使うでしょう。家庭でも、ケガをするくらい遊ばせるのはこわいですよね。でもそういうことができる人たちは、子どもを本当に大切に思っている人たちですよ。

やりたいことがみつからないのは、この時期のつまずき

この時期によく遊んだ子は、将来、努力できるようになります。遊びのなかで自分の限界を知り、その壁をやぶるために工夫をした。実験をくり返すようにして、自分の可能性を広げた。その経験が、将来、自主的に活動する力の基盤になるんです。やりたいことをみつけ、目標を設定し、そのために、人に言われなくても努力ができる。自主性。積極性。主体性。それが児童期に豊かに育ちます。

一〇代、あるいは二〇代になって、やりたいことがみつからず、目標が立てられない若者が増えていますが、そういう人たちには、この時期のつまずきがあるんじゃないでしょうか。あるいは、もっと以前のつまずきかもしれません。自分を信じる力。自分を律する力。そして自主的に活動する力。乳児期から児童期までに育つ、そういう力がないから、目標がみえずに苦しんでいるわけでしょう。

子どものころに思う存分遊べなかった子がニートに

やりたいことがみつからない。ニートやひきこもりと呼ばれる人たちが、まさにそうですよね。

ニート。NEETと書きます。ノット・イン・エデュケーション、エンプロイメント・オア・トレーニング。教育の場にいない、雇用の場にいない、そしてなんのトレーニングも受けていない。こういう若者たちをニートといいます。なぜそういう人が増え、苦しんでいるのか。まわりには、単なる怠け者にみえるかもしれません。学ばず働かず、なにも研鑽《けんさん》をつまないわけですから。でも、本人たちは苦しんでいますよ。

「ある一定の年齢になったのだから、自分でやりたいことをみつけて働きなさい」と、言うのは簡単です。でも、そうはなれないですよ。それまでのステップをきちんと踏んでこなければ、そうはなれないんです。本人は苦しんでいます。

できないことにも挑戦して、自主性を回復させる

小学校に行く年になったんだから勉強をしっかりやりなさい。大人になったんだから働きなさい。自主性を身につけることのできなかった子どもに、そんなことを簡単にやらせようとしても、無理ですよ。できないわけではないんです。ダメだというわけではないんですよ。でも、簡単にはいかない。

乳児期、幼児期、児童期の危機的な主題を乗り越えないまま、学校に行くようになってから、つまずきから回復するのは、本当にたいへんなんです。ニートと呼ばれる状態になってから、二五歳、三〇歳、あるいはそれ以上になってからのやりなおしですよ。

目的というものは、自主的な探究心は、幼いころから両親や先生や友人との関係のなかではぐくまれ、じょじょに熟してくるものです。大人になってから、本人ひとりの力でみつけるものではありません。

自主性がない。目的がもてない。そういう場合には、この時期の危機的主題を生きなおすことです。好奇心をもって遊ぶこと。探究心をもって遊ぶこと。自分の限界を超える目標を見出し、工夫して乗り越えること。そういう経験のなかで、自主性や積極性が育っていきます。

大人になってからではたいへんでしょう。しかし、とび級はできないんです。創造力や想像力を使う活動をして、自分にはできないことにとりくむ。失敗や挫折をしながら、工夫を学ぶ。そういう体験をするほかにありません。失敗する経験には、大きな意義がありますよね。私は、失敗というものは人格に厚みをもたらすものだと思っています。失敗から学ぶこと。自主性。積極性。主体性。目的性。それらをはぐくむ遊び。この時期のテーマです。

身近に遊び足りない子はいませんか？　あなたのお子さんは、お孫さんは、ときには難しいことにとりくんで、失敗もしながら、いきいきとした表情で遊んでいますか？　そういう目で、子どもをご覧になってください。しっかり遊ぶことが、将来の自主性、積極的な活動、目的を見出す力を養うんです。

第六章

学童期

授業時間よりも休み時間に多くを学ぶ

七〜一二歳のテーマは「勤勉性」の基礎づくり

つづいて学童期。七歳から一二歳ごろの話です。小学生とお考えいただいてよいでしょう。エリクソンは、この時期のテーマは勤勉性だと言いました。

小学生のときのすごし方が、大人になったとき、社会的に勤勉に生きていくことができるかどうかの、重要なポイントになる。勤勉な生き方のもとを、この期間に、豊かに身につけていく。社会に対する、自分の適格性を確認する時期だと言ってもよいかもしれません。社会のなかで、勤勉に生きられるかどうか。その基礎づくりです。社会のなかでの自分のあり方という意味では、この次の思春期・青年期にも引き継がれていくテーマだと言ってもよいでしょう。

勤勉性を、どのように獲得していくか。同世代の仲間と、道具や知識、体験を共有することによってです。それを小学生時代にするんです。社会的な活動の予行演習と言いましょうか。大人になったら、それぞれの社会的な場、たとえば会社で、同僚や上司と交わりますよね。そのときにも社会的な活動を身につけますが、その基礎が、小学生時代に育っていくんです。

よく遊んだ子は、将来よく働く

小学生時代、私は同世代の仲間とよく遊びました。道具や知識、そして遊びの体験を、仲間と共有しあったんです。いまの子どもたちに比べれば、ずっと豊かにやっていたでしょう。遊んだというより、遊びあったんです。

勤勉に生きていくことなんて、意識していませんでした。親も先生も、意識していなかったでしょう。「子どもたちは、またろくでもないことをして遊んで」なんて感じていただろうと思います。そういうものですよね。私が遊ぶことの大きな意味を知ったのも、大人になり、エリクソンを学んでからです。友達との遊びあい。意識してすることではないんです。けれど、健全な社会人になるためには、この時期には遊びあうことがもっとも重要なんです。

振り返ってみると、小学生時代に遊びあった仲間たちには、不登校やひきこもり、ニートになった人はひとりもいないんですよね。高等学校へ行った人も、そうでない人もいます。けれど、学歴なんかには関係なく、みんなが勤勉に働きました。

私は六〇歳のときと六五歳のときに、同窓会に出席したんです。仲間が計画してくれて、誘いの手紙をくれてね。六〇歳の還暦のときには、バスをチャーターしてお伊勢参りをしました。バスの中で、みんなで下手なカラオケを歌ってね。六五歳のときは、町で会を開きました。そのとき、いろいろと話しあってみると、六〇歳で仕事をやめた人がいなかったんです。それどころか、みんな勤め先から引きとめられていました。勤勉に働いてきたんでしょう。「月給を上げることはできないけれど、職場に残ってほしい」とか「給料は二五パーセントカットになるが、会社で若い者のお手本になってくれないか」と、声をかけられたそうです。みんな、勉強なんかあまりしませんでしたよ。だけど、遊んで生活体験を共有しあうことは、あとから思えば、本当にしっかりやっていました。

エリクソンの考え方を吟味しながら、自分のまわりの仲間を思い返してみたときに、学童期の勤勉性とはこういうものかと、しみじみ思いましたよ。勤勉性は、大人になって、働きはじめてからちょっと意識したり注意して、身につくものではないんですよね。子どものころ、遊びあうなかで身につけているんです。そのことを、仲間たちが実証的に示してくれていたんです。

勤勉性は、勉強よりも人間関係によって育つもの

小学生時代に友達といきいきと遊ぶ。遊びながら、友達からたくさんのことを教えられる。自分が知っていて、相手が知らないことがあれば、友達に教える。学びあっているんですよね。学びあいというと、きれいごとに聞こえるかもしれません。学びあいというより、遊びあいですね。遊びあうことの大切さです。

エリクソンは、友達になにを教え、友達からなにを学ぶかということは、質より量に意味があると言いました。どんなに立派なことを習ったか、教えたかでは

ないんですよ。たくさんのことを教えあい、学びあう。友達の数が多ければ多いほど、勤勉性の基盤が育ちやすいんです。

「一年生になったら友達一〇〇人できるかな」と歌う歌がありますよね。あの歌詞を書いた人は、エリクソンを知っていたのかなと思いますよ。エリクソンのことは知らなくても、子どもをよく知っている人なんでしょう。友達の数が多ければ多いほど、小学生時代は健全なんです。

自分と違うタイプの友達が、数多くいたほうが幸福なんですよね。自分が知らないことを教えてくれるでしょう。それから、自分ができることで困っている子がいたら、教えてあげられますよね。自然に教えられたり、教えたりする。それが豊かにできればできるほど、小学生時代を健康に生きられます。

国語や算数、外国語などの教科学習は、学校でも塾でも、あるいは家庭で親が教えても十分に学べます。そういうことではないんです。教科学習は、いつからはじめても遅いということはありません。むしろ早すぎると悪いくらいです。学童期には、勉強よりも、友達との人間関係のなかで豊かに育つものがある。そしてそれが不可欠と言ってよいほど大切なんです。

休み時間の落ちこぼれにならないで

授業からの落ちこぼれは、社会人としての落ちこぼれには直結しません。勉強ができなくて、健全な社会人になれないということはない。ところが、**休み時間の落ちこぼれは深刻です。社会人としての落ちこぼれに直結します。**

学校の先生たちには、子どもの教科学習をしっかりご覧になるよりも、休み時間、自分が担任している子どもたちは大丈夫かなと、そういうふうに気配りをしていただきたいと思います。あえてそう申し上げるんです。現代社会の学校は、そういうものになってきたからです。子どものこころも、家庭の姿も、そうなってきたからです。教科の勉強がいらないわけではありません。でもいまは、それは指摘しなくてもみんなやりますよね。いっぽうで、休み時間のすごし方は誰も注意しない。だから私はこう申し上げているんです。

不登校やひきこもりの子のなかには、学校の勉強がよくできた子がいますよね。よくできた子のほうが多いと言ってもいいくらいです。学校の勉強ができる子が、社会人として勤勉にやっていけるわけではないんですよね。休み時間に友達と仲良く、いきいきとすごせるかどうか。そのことがいかに重要か。

日本人は勉強中毒で、しかもその成果が出ていない

休み時間の大切さをこの四〇年間、教育関係者の集まりでくり返しお話ししてきましたが、学校の先生方の多くは、なかなか休み時間のほうを向いてはくださいませんでした。どうしても授業のほうを向くんですね。勉強が大事になるんです。先生方のなかには、勉強中毒と言ってもいいような考え方の方もいらっしゃいますよ。しばしば保護者の勉強中毒もあります。

けれど、中毒と言えるような状態になるまで勉強しても、あまり結果は出ていないんじゃないですか。経済関連の協議をおこなう国際機関、ＯＥＣＤ（経済協

学力は上がっていない

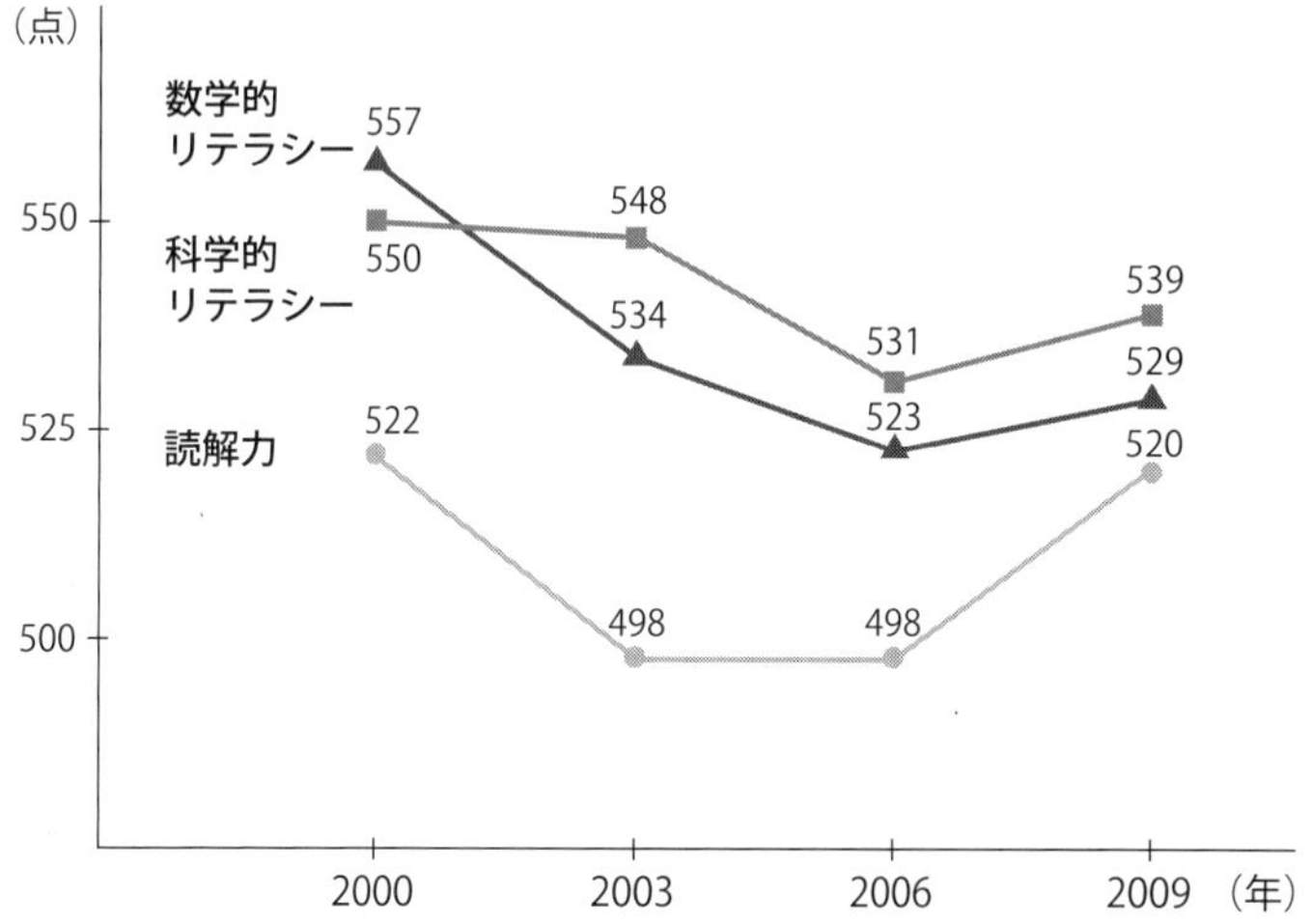

OECDが世界各国・各地域を調査した結果によると、日本の学生の学力は2000年以降、やや低下している。点数が減り、順位をみても上海や韓国、フィンランド、香港などに抜かれて落ちている

順位の変動	2000年	2003年	2006年	2009年
数学的リテラシー	1位／32カ国中	6位／41カ国中	10位／57カ国中	9位／65カ国中
科学的リテラシー	2位／32カ国中	2位／41カ国中	6位／57カ国中	5位／65カ国中
読解力	8位／32カ国中	14位／41カ国中	15位／57カ国中	8位／65カ国中

出典：文部科学省『OECD生徒の学習到達度調査　Programme for International Student Assessment
～2009年調査国際結果の要約～』

力開発機構）がときどき、加盟国の子どもたちの学力調査をしますが、日本の子どもの成績は向上していません。実態としては、どんどん勉強中毒のようになっているのに、その成果は出ていない。

本当に勉強のよくできる子は、もっとおおらかに学んでいますよね。「よく学び、よく遊べ」という言葉がありますが、あの言葉は本当ですよ。そういう子どもは、中毒になんかならず、本当の意味で、よく勉強をしています。

大人からではなく、友達から学ぶ

遊びのなかで自然に学んでいるんです。それが人間が社会的に生きることと直結している。自然にやっているんですよ。努力してやっているんじゃないんです。エリクソンはなぜわかったんでしょう。本当に私は、大人になって、驚くような気持ちで実感しました。小学生時代に道具や知識や体験を、遊びのなかで共有しあうことの重要性です。

小学生はグループをつくって、仲間といっしょに遊んでいますよね。そして、同世代の、同時代の仲間どうしだからわかる道具や知識を、共有しあっているでしょう。理屈抜きにそういうことを実現している。道具を使って遊ぶことを教えあったり、友達の姿をみることで学んだり。仲間と共有することが大切なんです。

遊び道具の使い方を、学校の先生が教えてくれることもありますよ。大人が、過去に自分たちが楽しんだ遊びを教えてくれることもあります。それはそれなりに意味があるでしょう。けれど、そうではないんですよね。友達から学ぶこと。友達に教えること。その経験が、社会的に勤勉に生きるもとになる。先生や大人から学ぶこと以上に大切な力になるんです。みなさんも実感できるでしょう。

自閉症の子、発達障害の子には違う考え方をする

たくさんの友達と、たくさんのことを教えあう。それが学童期の基本です。しかし、ひとつ例外的なお話もしなければいけません。自閉症の子の話です。私は

子どもの精神科の医師として、自閉症の子どもたちと長年多くの時間をともにしてきました。自閉症の子には、大多数の子どもとは違う特徴があります。

自閉症の子は、鬼ごっこやかくれんぼができません。追いかける鬼と追いかけられる人の役割が次々に入れ替わるような遊びは、自閉症の子にとっては難しい。先天的な特性があって、この子たちには社会の常識やルールがみえにくいんです。たくさんの友達と遊ぶことよりも、理解のある少数の友達のなかで、自分のペースで活動したほうが、この子たちは社会的に適応します。ですから、自閉症や、発達障害と呼ばれる特性をもつ子どもたちには、質より量の友達づきあい、遊びあいが必ずしもよいとは言えません。

アメリカ・ノースカロライナ大学の自閉症療育《りょういく》の専門家、ゲーリー・メジボフ教授は言っています。「自閉症の人は自閉症の文化をもっている。私たちとは違う文化をもっている。違うからといって、差別や排除をしてはいけない。文化の違いを認識しなければ、この人たちを適切に養育も教育も、支援もできない」。まったくそのとおりだと思います。

発達障害

特性

発達障害の人には、脳機能を同時総合的に働かせることがうまくできないという特性がある。その状態によって主に 3 種の診断名がつく。

ASD
自閉症スペクトラム障害。コミュニケーション、社会性、想像力に困難がある

LD
学習障害。読み書きや計算をすることが困難

AD/HD
注意欠陥／多動性障害。多動性、衝動性、不注意があり、困難が生じる

原因

発達障害は先天性の障害。生まれながらにあるもので、親のしつけや本人の性格は原因ではない。

- 脳機能の先天的な障害
- 障害部位は不明
- 遺伝的要因が考えられる

対応

本人とまわりの人が特性を理解し、接し方や生活環境を調整する。特性は消えないが、困難は消える。

- 特性の理解
- 環境調整
- 専門的な治療教育

理解と対応 ↓　　無理解と放置 ↓

適応

理解者のなかではおだやかにまじめに生活できる。就労も十分に可能。

二次障害

無理解な環境では生活に苦しみ、うつ病などの二次障害を生じてしまう。

一般の文化での生活をしいたら、この人たちは二次障害を起こしてしまいます。私たちが文化の違いを理解すること、そして、私たちの文化にどのように合流してもらうかを考えることが欠かせません。

幼児期にも、もっと大きくなってからも、自閉症の子が鬼ごっこやかくれんぼを楽しむことは、まずありません。私はできるようになった人をひとりもみていない。無理にさせたって、なにもおもしろくないんです。この人たちにとっては苦痛なだけです。自閉症の子や発達障害の子には、違う対応をしてください。

「会社があわないからやめる」のはこの時期のつまずき

近年、勤めはじめてすぐに会社がいやになり、仕事をやめてしまう若者が増えているといいます。実際、私もそういう青年たちに出会ってきました。知人と話をするなかでも、そういう若者の例を聞くことがあります。

彼らがほぼ確実に口にするのが、「会社があわなかった」「自分にあう仕事ではなかった」「だからやめた」というような言葉です。働きたい気持ちはある。意欲はある。まじめな若者たちです。だけど「会社があわない」と言う。

社会的に、勤勉に働くことができない。学童期のつまずきは、こうして表れます。会社や社会が自分に期待していることを理解して、そのために習慣的に努力することができないんです。なぜできないのかといえば、職場で同僚や先輩、上司と自然な交わりができないからです。それが大きな要因になっているでしょう。彼ら自身の言葉がそのことをよく表しています。**「会社があわない」ということは、本当は、会社で健全な人間関係が築けないということ**なんですよね。

豊かな交わりがない。学びあうことができない。だから自分で知っていることしかできない。その結果、会社が悪いと感じてしまう。知識はあるんです。意欲もあるんです。まじめなんです。けれど、学童期に本当の意味で学びあう経験を積んでいない。あるいは、それ以前からのつまずきを、学童期以降にもずっと残している。そのつまずきが、あとになって表に出てくるんですよね。

私も最初は「あわない仕事」で失敗した

そういう若者に出会うと、私は「最初から自分にあった仕事が与えられることはないよ」「自分にあう会社なんて、なかなかない」とお話しするんです。私自身、そういう思いを抱えながら働いた経験があるからです。

私は高等学校を卒業したあと、滋賀県から東京都へ出てきて、信用金庫で働きました。働きながら、大学進学をめざしていたんです。最初の仕事は、お得意様相手の営業でした。苦手でしたね。丸坊主の頭をした一八歳の青年が、滋賀県の方言丸出しで、東京で外まわりの営業をするんです。成績は、その信用金庫はじまって以来の不出来でした。自分にあわない仕事だと思いましたよ。

それでも、やめたいとは思わなかったんです。お得意様のお店に、あるいは家に、何度も入っていきました。「このたび、私たちの信用金庫ではこういうふうに利まわりのいい定期預金を開発しました。ひと口でも二口でもお入りいただけませんか」って言ってね。先輩から言われたとおりの説明をするんです。いまでも覚えています。

お客様が「そうですか、ではひと口」なんておっしゃることは、まずありません。「今日のところはけっこうです」と言われてしまう。そうすると、次の言葉が出てこないんです。次の訪問先も、その次も同じです。そうしているうちに、玄関の前に行くだけで、これはダメだなって、ひと言も口をきかないうちにそう思えてしまって、入れなくなっていくんです。

「あわない仕事」から内勤へと異動した

みかねた先輩が「営業は断られてからが勝負だよ」と教えてくれましたが、私には意味がわかりませんでした。断られたらおしまいでしょう。そう思っていました。でも、先輩は優しかったですね。「こんな点でうまくできないんです」と、平気でたずねることができました。そうすると、「一回ついておいで」と言って、やり方をみせてくれました。営業のじょうずな人は、断られてから「そうおっしゃらないで」なんて言って、じょうずに話すんですよね。断られてからが勝負ということが、よくわかりました。ただ、理解はできても、やっぱり私にはできませんでしたけれど。

そうこうしているうちに一年がたち、「佐々木くんを営業にまわしておいたら、信用金庫は大赤字だ」なんて言われて、内勤に異動させられました。でも、内勤になったらよくできましたよ。定期預金の帳簿の管理なんかをするんです。パソコンなんてない時代です。そろばんを使って計算して、ぜんぶ手書きでした。一生懸命働きました。「佐々木くん、帳簿の管理がうまいね」とおだてられてね。

結局、入庫以来、六年近く働きました。そして大学に行くために退職しました。退職したあとに「佐々木くん、すごい働きだったね」「きみがひとりでやっていたことを、三人で引き継いだんだよ」と言われました。内勤のほうがあっていたんですね。信用金庫の理事長は私の働き方をみて、「人間は適材適所で使わないとだめだ」と、しみじみ言ったそうです。それ以来、彼らは適材適所をたとえず考えながら運営しているそうですよ。

勤勉性の弱い人は、自発的に働くことがつづかない

私は、自分が信用金庫でおかれた状況といまの若者の状況が、単純に同じだとは思っていません。でも私は、会社があわなかった、あるいは人間関係ができなかったとは考えませんでした。同僚と相談をしました。上司に平気で質問ができました。そして努力をつづけることができました。その姿をみて、上司が配置転換を考えてくれました。私も、同期の人たちも、自発的に、習慣的に働くことをつづけられましたよ。不慣れな仕事であっても、会社が自分の適性なんてなにも見出してくれなくても、挫折しなかったんですね。

いま、それができていない若者がたくさんいるでしょう。自分にはできない仕事だから、自分にはあわないと感じてしまう。そして退職をする。短期間でいくつもの職場を転々とする。どこに行っても人間関係がうまく築けなくて苦しむ。

振り返ってみれば、小学生時代からそうだったのではないでしょうか。勉強はできた。放課後は学習塾に一生懸命通った。成績はよかった。そして、ひとりでゲームなどを楽しみ、息抜きをした。それでは、どんなに好成績をおさめていても、質のいい生き方にはなっていきませんよね。人とのコミュニケーションがないでしょう。子どもにそういう努力、そういう生活をさせてはいけないんです。

困ったとき、同僚と教えあうこともできない

私は信用金庫で働いた最初の一年、くる日もくる日も、成績があがりませんでした。いまの若者だったら、最初の二、三カ月で棒が折れるようになって、退職してしまったかもしれませんね。私は、同僚に相談できたこと、上司がむやみにしからず、いろいろと教えてくれたことで、働いていけました。

重要なのは、コミュニケーションなんですよね。勉強して得た知識じゃないんです。友達と知識を共有しあって、コミュニケーションをした経験なんですよ。

それが大人になったときの社会的な勤勉性をつくるんです。いま、仕事のことで悩んだとき、誰にも相談せずに辞表を書いてしまうような若者がいますよね。教えあうコミュニケーションができなくなってきているでしょう。

私もそうでしたが、誰しも、仕事には四苦八苦しているんです。でも、まわりと相談しながら苦労しているんです。そのうちに、人によってはできるようになってくるでしょう。同僚と教えあうことができれば、乗り越えられる部分もあるでしょう。そしてコミュニケーションをとっていれば、上司もあたたかく見守ってくれる。上司から援助を受けやすい雰囲気になる。「こうしたらどうか」と助言をしてくれる。いま、厳しい経済情勢のなかで、どこまでこういうことが言えるのかわかりません。でも基本的な部分は同じだと思うんです。

自分で解決できないから、会社が悪いと考える

勤勉性を獲得できなかった子は、社会のなかでコミュニケーションが、そして

人間関係の構築ができない若者になっていきます。あの仕事はあわなかった、今度の仕事もあわなかった。この会社が悪い。今度の会社もよくない。それをくり返します。そういう生き方では、よっぽど独創的な仕事で、しかもひとりでできることを、社会に認めてもらえなければ、やっていけないでしょう。ほとんど無理ですよ。

企業によっては、日本の若者よりも、海外の若者を採用したほうがいいと考えるところが多くなってきたと、近年聞くようになりました。たとえば東南アジアの若者のほうが、勤勉に働くというんです。海外の若者は、日本語はじょうずではないかもしれません。でもコミュニケーションはとれるんでしょうね。

日本の若者が、本当の意味で勤勉に働く力を失ってきている。育てられ方の影響がひじょうに強いと思います。ちょっと困難な仕事を与えたら、あわないと言ってやめてしまう。企業がそういうことを理解しはじめた。日本の若者はどうせやめてしまうと考えはじめている。企業と日本の若者が、不幸な関係になってきているといえますよね。

仕事を努力するだけでなく、人間関係のつくりなおしも

仕事がうまくいかなくて困ったときには、同僚に「こういうときはどうしてる?」「困ってない?」と聞くのがいいんです。最初から上司に聞くことは難しいでしょうから、同期の社員や、同年代の人にたずねてみてください。いっしょに余暇をすごしながら話してもよいでしょう。食事をしながら相談するのもよいと思います。学びあえる関係を、もう一度築いてほしいのです。

私の場合は、同期の人が「ぼくも困っているんだよ。商店街を歩いてみても、契約がまったくとれない。だから親戚を頼っていくんだ。紹介してもらってね」と教えてくれました。なるほどと思いました。結局、私はそれもうまくできませんでしたけれど、そういう相談が支えになりました。

同期の男性二人、女性二人のことを、いまも覚えています。彼らは、新宿のスケートリンクに気晴らしに行こうと、私をよく誘ってくれました。いい仲間たち

でした。彼らの好意にたすけられて、いい人間関係を築けた部分もあるんです。「いまの若者は」とお話ししていますが、私はなにも、昔はよかったと言いたいわけじゃないんです。いまの若者がみな同じだと思っているわけでもありません。そんなことはまったくない。勤勉性というテーマをわかりやすく解説するために、あえて、私たちの時代と、いまの時代を比較してお話ししているんです。

小学生の遊びあう体験が減ったこと。同僚とのコミュニケーションが減ったこと。象徴的ですよね。いきいきとした遊びあいが減ったから、勤勉に働けなくなった。そうでしょう。

働きつづけることのできない若者には、本人の意欲や、技能の問題だけではみえないつまずきがあるんです。しかもそれは学童期、あるいはそれ以前のつまずきです。それをご理解いただきたいという思いで、「いまの若者」とあえて言いました。私は、いまの若者たちが、働く意欲をもちながら苦しんでいることを知っています。そういう青年に、何人も会ってきましたからね。若者たちに、コミュニケーションを、人間関係をやり直してほしいと、こころから思います。

第七章

思春期・青年期

仲間を鏡にして、自分を見出す

一三〜二二歳のテーマは「アイデンティティ」

小学校を卒業して、中学生になり高校生になる。思春期・青年期になっていきます。一三歳から二二歳ごろまで。中学、高校、大学の時期です。ここでも、時期は目安です。いまの日本では、もう少し遅く、長くなっているかもしれません。柔軟に考えてください。この時期に、エリクソンの理論としてはもっとも有名なキーワード、「アイデンティティ」がテーマとなります。

アイデンティティ。日本語では自己同一性と言ったりします。自分という人間を確認すること、自分はこういう人間なんだと知ることとです。身分証明書のことをアイデンティフィケーション・カード、略してＩＤカードといいますが、アイデンティティは、その言葉をもとに、エリクソンがつくり出した造語です。ですから、日本語には訳しにくいんです。私は私であるということですね。

自分がわかるということは、自分自身を客観的な目でみつめられるということです。自分を他人の目でみつめること、自分が他人にどうみられているかを意識することと言ってもよいでしょう。主観ではないんです。客観なんです。

子どものころは、自分を客観的にみたりしないですよね。なにごとも主観的に考えています。人が自分をどうみているかなんて、あまり深くは気にしない。思い悩むほどではない。それが思春期・青年期になってくると、じょじょに変わってくる。自分を客観的にみつめるようになっていきます。他者の目で、自分をみはじめるわけです。その変化の時期が、思春期・青年期です。

幼児は自由に「宇宙飛行士」「お姫さま」などを夢見る

幼児期や児童期の子に、大きくなったらなにになりたいか聞いてみると、みんな、なんにでもなれると思っています。主観の世界にいるからです。人様がどう思うかなんて、問題じゃないんです。

大きくなったら宇宙飛行士になりたい。ロボットをつくりたい。お姫さまになりたい。お花屋さんになりたい。保育園・幼稚園に通っている年代の子は、自由にものを言います。大人も「そうなの、すてきだね」なんて答えるでしょう。

他人を意識して、なりたいものを変えようなんて、幼児期にはほとんど考えない。そういう意識はありません。大人の側もそれを了解しています。幼い子のイメージの世界では、自分が考えているとおりの自分なんです。幸福な時代ですよね。

成長するにつれて、だんだん、自分は思っているとおりの人間じゃないとか、自分はこうありたいと思っているものに遠くおよばないと、感じはじめます。そういう時期がきます。それが思春期・青年期なんです。

思春期から「プログラマー」「薬剤師」など現実的な夢に

「スポーツ選手になりたい」「音楽家になりたい」と思っていたのが、だんだん安心できなくなってくる。主観では安心できないんです。自分は思ったとおりの人間ではないことが、わかってきているからです。

そこで人は自分を客観的にみつめること、他者の目でみつめることを求めはじめます。他者が自分を承認してくれれば、いくぶん安心なんです。「きみは運動神経が抜群だ」「音楽の感覚がいいね」と、先生や仲間たちに一目おかれて、はじめて自分でもそう思える。自己認識ができていくわけです。

認めてもらえないときもあります。そうなれば、スポーツや音楽の世界はきびしいとわかってくる。なりたいものとなれるものの間に大きなギャップがあって、それに悩むわけでしょう。若者の悩みというのはそういうものです。

スポーツ選手は難しい。ではインストラクターならどうか。それともまったく違う分野で、パソコンの技術をいかしてプログラマーになるのはどうか。そういうことを、まわりの反応をみながら考えはじめる。音楽家になるのはごく少数の人だ。自分には難しい。では音楽の教師ならどうか。あるいは、音楽は趣味にして、薬剤師になろうか。

自分を客観視することで、夢が現実的に、具体的になっていきます。このように自己洞察をするわけです。アイデンティティは、そういうものをもとにして、できあがっていきます。

鏡をみて容姿を気にするのも、この時期から

客観視すること。他者にどうみられているかを気にすることでもあります。思春期・青年期になると、子どもは出かける前に鏡をみるようになりますよね。それは、自己を客観視する姿勢が行為になって、表に出てきているわけです。

保育園や幼稚園に通う子どもが、毎朝、鏡をみてから出かけていくなんてことはありませんよね。親に言われてやっているとか、親のまねをしたがってやるということはあるかもしれませんが、自分から、人の目を気にして鏡をみる子はいません。幼児にとっては、たいして関心はないんです。

思春期・青年期になると、そうはいきません。鏡をしっかりみていく。髪型をみたり、服装をみたり。なかには、どうしてそんな奇妙な格好を、人様がいちい

ち振り返るような格好をするんだという人がいますよね。ああしてでも振り返ってもらいたいんでしょう。そのように、他者の目を意識しているんです。

仲間という鏡をみて、自分の内面も気にする

でも、鏡では外見しかみえません。この時期の子どもは、実際には内面をみつめたい。自分という人間そのものを、他者の目でみたいわけです。そういう自己洞察をします。内省をします。そのために重要なのが、仲間ですよね。

小学生時代、学童期には、たくさんの友達と交わり、学びあうことが大切です。価値観が自分と異なる友達とも交わって、いろいろなものを共有しあう。それが思春期・青年期になると変わってきます。価値観を共有できる仲間をみつけるんです。自分がどのような人間かということを、仲間との関係のなかに見出していく。この時期には、成熟へのモデルとして、すぐれた先生や、各界で活躍する大人たちを求めることもあります。

自分はどんな人間か。強く信じることのできるものはなにか。自分の価値、長所、能力を知る。同時に、弱点や短所も知らなければいけない。そういうものを総合して、自分の社会的役割を認識する。自分の適性はなにか。自覚していくわけです。それによって進路が決まり、職業選択ができるようになるんです。

外見を映し出すだけなら、本当の鏡だけでいいんです。自分でもうっとりするほど、みほれるほどの美人だったら、外見だけみていればいいですよ。モデルでやっていこう、タレントや女優でやっていこうと考えてね。それが現実になれば、ある程度のアイデンティティになるでしょう。

でも、そんなことは例外中の例外です。**ふつうは内面を映し出す鏡を求めるわけでしょう。自分はどんな人間か。そのとき鏡になるのは、仲間や先生です。**価値観があう仲間。思想、信条、主義、主張があう友達です。それから、尊敬する先生ですよね。仲間や先生を鏡のようにして、自分を見出していくわけです。

友達づきあいが、深く狭くなっていく

だから思春期・青年期になると、小学生時代のように友達の数が多いのは不自然です。誰とでも親しくなれるわけではありません。類は友を呼ぶと言われるように、価値観のあう友達と、似た者どうしの仲間になっていくわけです。

そして、深いつきあいをするようになるんです。特定の趣味をもつとか、夜を徹しておしゃべりをするとか、共通の目標をもって社会的な活動や文化的な活動、芸術的な活動などをする。思春期にはいろいろなことを、はじめる人ははじめます。そこにひとつの分岐点があります。なにもはじめない人もいますよね。そういう人は、自分を見出しにくい。つまずきにつながっていきます。

活動をはじめて、仲間や先生をみて、自分を見出すことができたときに、アイデンティティがだんだんはっきりしてくるんです。この時期にそれができないと、内面がひじょうに不安定なまま二〇代に入っていくことになります。

親子の会話は少なくなるが、つながりは消えない

中学、高校と進むと、子どもはじょじょにお母さんから離れていきますよね。そのころになってもお母さんにまとわりついていたら、疑いもなく成熟不全ですよ。ふつうに成熟していれば、親離れするのがあたりまえの時期なんです。

この時期に子どもは、価値観のあう仲間のところに行く。母親といっしょにいるよりも、仲間といることを選ぶんです。思春期・青年期に、価値観を共有しあう仲間がまったくみつからなかったら、たいへんなことです。危機的な主題が残されてしまう。アイデンティティがつくれない。自分というものがわからなくなってしまうんです。この時期に、仲間をみつけて、ときには長時間語りあう。そうやって、自分の価値観を見出していくわけです。

それでも、**親子のつながりは消えません。親離れといっても、関係がなくなるわけではない。**ベタベタすることは減っても、家族で食卓を囲むことはあるでし

ょう。思春期・青年期に、子どもの口数は減りますが、食卓ではこころがはずみますよね。幸福感がわきあがってくる。お腹がすいたときの食卓って本当にいいでしょう。うれしいでしょう。ごちそうである必要はまったくない。感謝と幸福感がありますよね。態度がぶっきらぼうでも、本人は感じていますよ。

この時期には、食卓で会話がとびかわなくてもいいんです。思春期・青年期になったら、子どもは親とそんなにおしゃべりをしなくなります。しなくなりますけれど、こころの会話を、あれこれしているわけですよ。振り込め詐欺師の話のときにもお伝えしましたが、言葉の会話がコミュニケーションのすべてではないんです。会話が少なくても、喜びを分かちあえること。それが大切なんです。

私たちは食事を用意してくれた人へ、大げさではなくても感謝をしますよね。「いただきます」と言うことも感謝です。その言葉の裏には、「ありがとうございます」という気持ちがあるわけでしょう。思春期・青年期の子は「いただきます」も言わないかもしれません。でも、言葉にしない感謝を感じていますよね。

「私は炊事係」という投書に、母と子の幸せがみえた

私はそういうことを、ある新聞に掲載された投書から、しみじみと感じたことがあるんです。高校生のお母さんの投書でした。正確な引用ではありませんが、思い出しながらお話しさせてください。

「炊事をする私の役割」というようなタイトルの投書でした。お母さんは「私は食事係・炊事係なんです」と書いていらっしゃいました。「私の役割は、家庭のなかで炊事をすることだ。こころをこめて食事をつくりたい」とおっしゃるんです。当然、ほかの家事もしているんでしょう。でも、炊事を強調している。その役割を自分がもっていることに、生きがいを感じている。それを強調して「誇りに思っています」とも書いていらっしゃいました。

「高校生になった息子が、近頃では愛想も口数も少なくなった」んだそうです。どの家庭でも、そうですね。小学校くらいのころはおしゃべりで、ああだこうだ

とうるさくつきまとっていたのが、高校生くらいになると、だんだん愛想も口数も少なくなる。子育ての経験をもつ方はよくおわかりでしょう。そういう時期の息子から、そのお母さんのところに、ときおり「今夜の夕飯はなに?」とメールが入るというんです。

そして、愛想も口数も少なくなった息子からの「今夜の夕飯はなに?」というメールに対して、お母さんはいろんなことをお答えになるんですね。今日はああしようと思うとか、あなたが好きだからこうしようと思うとか、おっしゃるんでしょう。

お母さんは、そういう役割を誇りに思っている。愛想のない息子は、夕飯の内容を聞くだけなんです。でもお母さんはこころをこめて食事をつくっている。そういうことをつづった文章でした。

なんでもない文章に思えるかもしれませんが、そうではないですよ。乳児期のテーマを思い返してください。親は子どもに無条件の愛情を与える。子どもが喜ぶことを、親が喜んでする。それと同じことが、このお母さんのこころづかいからみえてきますよね。感謝をされるから、食事をつくるわけではないんです。感謝の言葉を求めているわけではない。子どもが言葉には出さなくとも、しっかり食べている。食べることの幸福を感じている。そのことを、お母さん自身も喜んでいる。誇りに感じている。

お金も時間もかけない、けれど健全で幸福な食事

高価な食材を用いるわけではないんです。長い時間、手間ひまをかけるわけでもないんです。日々淡々と、習慣的に食事をつくっていかれるのでしょう。お母さんは、こう書いていました。「おいしいなんて言われることはめったにない」と。息子は家族になにも言わないんでしょうね。私もいまでこそ、食事がおいしかったら家内に「おいしいね」と言いますよ。だけど高校時代に母にそう言ったかどうかはわからない。思春期・青年期というのは、そういうものですよね。言葉はほとんどないんです。でも、投書されたお母さんは、それでいいと思っ

ていらっしゃる。バランスのよい食事を、こころをこめてつくっている。必要以上のお金を使っていない。仕事やほかの家事があるなかで炊事をなさるんですから、時間も長時間は使っていない。でも、いいですよね。幸福ですよね。

思春期・青年期に子どもは、家庭でおおいにおしゃべりをすることはなくなります。家庭のなかではある時期、無口になるんです。いっぽう、たとえば仲間とコンパをするとか、学生どうしで会っているときには、おおいにおしゃべりをしている。それがこの時期の健全な姿です。

子どもたちは、無口になっても、感謝や幸福感を失っているわけではありません。お母さんはよくわかっていらっしゃる。ときどき送られてくる「今夜の夕飯はなに？」というメール。思春期・青年期にはそれが正常ですよ。投書されたお母さんは、それをわかっている。子どものほうも、無口にはなったけれど、食卓にしっかりとついている。ときには夕飯を気にしている。健全ですよね。

ひきこもる人の増加は、この時期のつまずきか？

思春期・青年期に、親との距離を適度にとって、仲間たちとのつきあいのなかで、自分を見出していく。それが健全な成長です。その時期につまずくと、アイデンティティが見出せなくなって、人によってはひきこもりやニートと呼ばれる状態になってしまう。価値観が共有できるような、話があうような、そういう友達をもっているひきこもりやニートの若者はいません。

でも、本当はこの時期だけのつまずきではないんですよね。ほとんどの人は、もっと前の段階からつまずいてしまっている。児童期や学童期に、友達と遊びあう経験が少なかった。そのもとをたどれば、乳児期や幼児期に、母親と健全な愛着関係を築けなかった。その結果が、思春期・青年期に仲間をつくれないという状態につながっているんです。母親との関係はどうか。友達と遊びあうことはできたか。そういうステップを、最初から見直すことも必要なんです。

ひきこもりの人が70万人

ひきこもり

外出頻度について「自室からほとんど出ない」「自室からは出るが、家からは出ない」「近所のコンビニなどには出かける」と答えた人。その状態となってから6ヵ月以上がたち、病気や妊娠、家事、育児以外の理由で家にいる。

3,880万人 × 0.61% = 23.6万人
（15~39歳の人口）（調査結果）（推定人数）

準ひきこもり

外出頻度について「趣味の用事のときだけ外出する」と答えた人。そのほかの条件はひきこもりの人と同じ。

3,880万人 × 1.19% = 46.0万人
（15~39歳の人口）（調査結果）（推定人数）

計69.6万人

ひきこもり親和群

ひきこもり・準ひきこもりではない人で、「外に出ない人たちの気持ちがわかる」「閉じこもりたいと思うことがある」などの回答をした人。

3,880万人 × 3.99% = 155万人
（15~39歳の人口）（調査結果）（推定人数）

内閣府が全国の15～39歳3,287人を調査した結果にもとづき、ひきこもりの人の総数を推計した数値。年齢を限定していること、回答がなかった人もいることを考慮すると、この結果以上の人数がひきこもりの状態になっていることも考えられる

出典：内閣府政策統括官『若者の意識に関する調査（ひきこもりに関する実態調査）報告書』

アイデンティティの危機。ひきこもり。二〇一一年に内閣府は、いま日本にひきこもりの人たちが約七〇万人いると公表しました。さらに、約一五〇万人の親和群がいるとつけ加えています。ひきこもりに共感できる人たち、いわば予備軍のような状態の人たちです。ものすごい数でしょう。すべて公的な発表です。実際にはもっと多くの人がいますよね。これだけ多くの人に、思春期・青年期、あるいはそれ以前の、深刻なつまずきがあるということなんです。

ジーレンジガーの『ひきこもりの国』を読んで

マイケル・ジーレンジガーという人がいます。高名なジャーナリストでした。ピューリッツァー賞の報道部門で、最優秀賞の最終選考まで残った経歴があります。東京を拠点にしながら国際的に活動して、一時は世界各国三三地域の報道局に記事を配信していたそうです。ひとりですべてを担当したわけではなく、スタッフもいたのでしょうけれど、熱心な活動です。彼は数年前にジャーナリストの仕事をやめ、いまは母国アメリカへ帰って、大学の教授をしているそうです。

　そのジーレンジガーが日本を立ち去るときに、『ひきこもりの国』という本を書きました。私にはその本が、彼の日本への置き土産のように思えて仕方がないんです。最初はその本を手にしたときに、なんて失礼なことを書くのだと感じました。よその国を「ひきこもりの国」と呼ぶだなんてね。本には、日本は一〇〇万もの若者を自閉的な生活に追いやっているというようなことも書かれていました。一見したときに、よその国に対して差し出がましいことだと思いました。でも、じつはそうではなかったんです。

　読み進めるうちにわかってきました。たいへん熱心な、しっかりした取材にもとづいて書かれているんです。本を開くと最初のほうに、日本の若者を中国や韓国の若者と比べてみてくださいと書いてあります。そうすれば、日本の若者がいかに意欲と感動を失っているかがわかると。最初から大きなことをつきつけられます。そのとおりなんです。

　私は二〇一〇年に中国に行き、北京から車で三時間ほど海のほうに行ったところにある秦皇島《しんのうとう》という町で、中国の学生に講義をしました。中国で講義をするのは四度目でした。それまでに、北京師範大学や大連大学でも講義をした経験があります。秦皇島は、避暑をするような町でした。そこに行って、中国全土から集まった人々を相手に、講義をしてきたんです。

中国に行くたびに、ある意味では悲しい思いをします。中国の学生には、日本の若者にない、学ぶ意欲があるんです。講義を終えたあとに質問の時間をとるんですが、中国では質問が時間内におさまることなんてないんです。次々に質問がよせられます。いま、同じことをしても日本の学生はめったに質問しません。悲しいです。なぜ私たちは、そういう若者の多い国にしてしまったのでしょうか。

そういうことを感じていましたし、各種の調査でも日本と各国の若者の違いをみていましたから、ジーレンジガーの本に書かれた、日本の若者が意欲と感動を失っているという文章を読んで、ただ失礼な本ではないということが、はっきりとわかったんです。

自分に満足できない若者たち

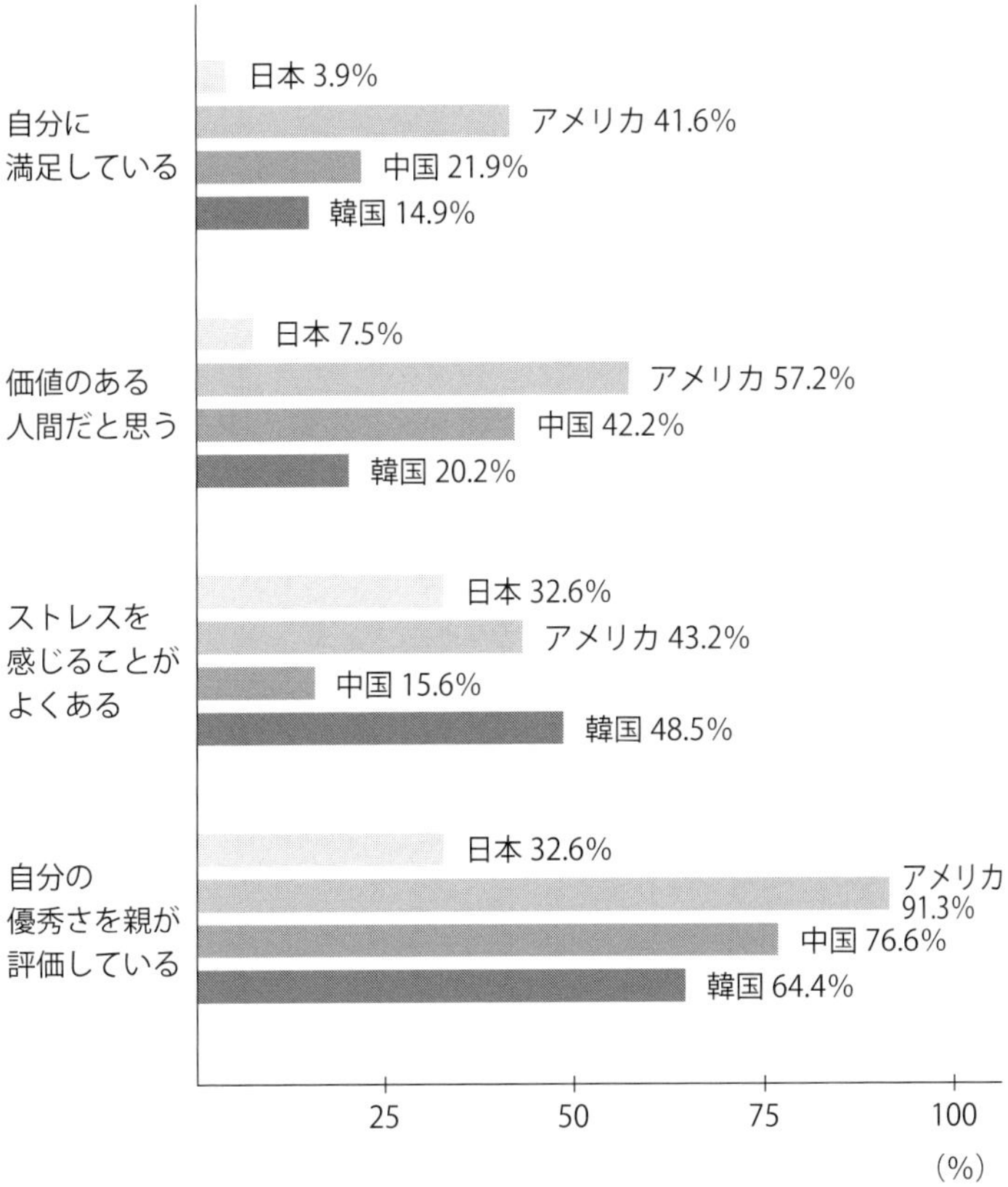

各国の高校生を調査した結果。日本と韓国の高校生は自己評価が比較的低く、日本の高校生はさらに親から評価されている実感も少ないという結果になった

出典：財団法人日本青少年研究所『高校生の心と体の健康に関する調査
—日本・アメリカ・中国・韓国の比較—』

日本の母子の愛着は弱いという指摘

『ひきこもりの国』を読み進めていくと、またどきっとする言葉が出てきます。日本の母子は愛着の形成が希薄ではないですか、愛着形成がひじょうに弱いのではないですかというメッセージです。

ふつうはこのようなことを、外国人に向かって安易に書けません。しかし、言いづらいことをあえて言うところに、ジーレンジガーの良心を感じました。彼は「お世話になった日本のみなさん、やっぱり気をつけたほうがいいんじゃないですか」というメッセージを残していったように思いますね。

彼は自身の言葉ではなく、信頼している心理学者の言葉として、そういったメッセージを本に記載しています。愛着とは、子どもの側からみると、自分はこの人に無条件に、十分に、そして永遠に愛されるという実感をもとにして抱く、特定個人に対する感情です。二人、三人に対して抱ける感情ではないんです。生まれたばかりの赤ちゃんが、母親的な存在に対して抱く感情です。その愛着が、日本の親子関係のなかでは弱いということを、彼ははっきりと書いています。

少し大きくなった子どもをみてみると、本音の会話が少ない。子どもが親の顔色をみながらものを言っている。ジーレンジガーはよくみています。彼はいろいろな国々の親子や家族を知っているわけでしょう。その彼が、日本国内を熱心に取材して、愛着感情の形成が弱いでしょうと書いたんです。

私たち日本人は、「そんなことはありません」なんて、簡単には反論できませんよね。愛着形成がしっかりできている親子も、当然いますよ。だけどそうでない親子が多くなってきている。ジーレンジガーは、ひきこもりが思春期・青年期だけの問題ではないことに気づいているのでしょう。それ以前のつまずきをみすえて書いたのでしょう。私たち日本人は、そのことを自分たちで反省し、改善する前に、外国の方から指摘された。その事実は重いですよ。

ひきこもりの人はコミュニケーションに絶望している

ひきこもり当事者の手記をみると、またひとつ、みえてくることがあります。上山和樹《うえやまかずき》さんが『「ひきこもり」だった僕から』という本を書きました。小学生のころから勉強が抜群によくできる少年で、中学に入ってからひきこもりになった。それから一〇年間以上、学校に行ったり、ひきこもったりする日々をすごして、三〇代になって社会に復帰してくる。彼は著書のなかで「ひきこもりというのは、核心的には「コミュニケーションへの絶望」です」と言っています。家族を含めて、まわりにいるすべての人とのコミュニケーションに絶望した状態。それがひきこもりなんです。

もうひとり、勝山実《かつやまみのる》さんという方は『ひきこもりカレンダー』という本を書きました。彼も秀才だったそうです。「歯を食いしばって勉強。学区内で一番偏差値の高い学校に入学しました」と書いています。彼は自身の心境を「一人っていうのは寂しくない」「寂しいのは大勢の中でみんなに交われずに一人になった場合です」と表現しています。また、「部屋の中に一人でいるというのは、意外とほっとした気分になるものです」「むしろ、みんなに溶け込めず、疎外感を感じている時のほうが死にたくなるものです」とも書いています。

交流できなくなったとき、心が通いあわなくなったとき、コミュニケーションに絶望したときに、人間がどんなに窮地に陥るか、わかりますよね。

人とつながることが人間の支えになる

かつての社会では、そういうふうに人間関係ができなくて苦しむ人は少なかったんですよね。お母さんがひとりで育児をすることもありませんしね。家族や地域の人間関係のなかで子育てをしていた。母親にとって、子どもを育てることが喜びだった。私が子どもだったころの思い出のなかに、母が私を育てることにいそいそとしていた姿がありますよ。喜びや感動をもってくれていた様子が、思い出されます。子どもを育てることが喜びだったわけでしょう。いくつものエピソードをお話しすることができます。

たとえば、母は私たち兄弟が言うことに、めったに反対しませんでした。まずは私たちの話を聞いてくれたんです。喜んでそうしていてくれたように思います。そして私たちがよくないことをしたときも、「今度だけやでな」と言って許してくれました。父に言いつけたりしないんです。そんな母に、私たちはなんでも包み隠さず話すことができました。いま振り返れば、そういう関係をもつことが、母にとっても喜びだったのでしょう。

いまは、そういうことが減っているんだと思います。子どもに喜びを与えることが、親の喜びでもある。そういう関係性が、私たちが育てられたときには随所にありました。それが基本的信頼の支えになる。本当の意味でのコミュニケーションになる。それができないから、ひきこもりが増えている。そうじゃありませんか。

親子関係、仲間との関係をゆっくり築きなおしたい

人間は、コミュニケーションへの希望を失ったら、人間性そのものを失うことになります。悲しいことです。何度もくり返しお伝えします。コミュニケーションをする力は、喜びをわかちあう経験のなかから育ってきます。乳児期から幼児期にそういう経験をしていれば、しっかりと育ってきているでしょう。

でもそれは、大きくなってからでも、できないことはないんです。親子や家族で、いろいろな行事や活動をしながら喜びを分かちあうことって、できますよね。旅行をするのもいいでしょう。子どもの趣味を親がともに楽しむのもいいでしょう。興味をもてる行事、活動を探して、喜びを分かちあう。それは一〇代、二〇代にもおおいにできますよ。コミュニケーションの回復ですよね。人間が人間性を回復するために重要なことです。

家族や友達と、喜びを、そして必要なときには悲しみを、分かちあうんです。

コミュニケーションをしつづけるんです。そうやって人間関係を築きなおしていく。そして自分を見出していく。それが回復の手立てになるんです。

コミュニケーションに絶望した人が、ひきこもりになっている。疎外感が若者から生きる喜びを奪っている。喜びを分かちあえる家族や仲間がいれば、そういう経験をつむことができれば、コミュニケーションが育っていきます。絶望が消えていきます。希望が生まれます。私はその希望を、自分にも言い聞かせるようにして、伝えていきたいと思っているんです。

第八章

成人期

結婚に人生をかけ、価値を生み出す

二三〜三五歳のテーマは他者との「親密性」

六つめの時期。若い成人期です。エリクソンは、この時期のテーマを周囲の人との「親密性」、連帯性だと言いました。

成人期。まだ若い成人の時期です。次の壮年期をむかえるまでの、働きざかりの時期と言っていいでしょうか。二三歳ごろから三五歳ごろまでの話です。日本でいえば、多くの人が社会に出て働く時期ですね。とはいえ、いまの日本はますます長寿の社会になっていますから、成人期からこのあとの壮年期、老年期へと移行するのがゆっくりになっています。三五歳よりも長く、若い成人期をすごす人が、多いかもしれません。ここでもやはり年齢は目安です。

この時期に、**親密性によって、生産性が高まります**。親密性とは文字通り、ほかの人との親密な関係性です。生産性は、もとの英語ではプロダクティビティ。プロダクトは生み出されるものですから、わかりやすく言い換えると、生産性とは、社会に価値を生み出すことです。成人期には、親密な関係をもつことで、社会に価値を生む力をより強くする。これがエリクソンの示したテーマです。

親密性によって高まる「生産性」とは

たとえば、農作物を生産すること、自動車やコンピュータを製造すること。どちらもプロダクトですよね。子どもを産んで健康に幸福に育てること。これもプロダクトです。音楽をつくり演奏する。絵画を描き、人々に提供する。みんな、社会に価値を生むことです。どれもプロダクトなんです。

価値を社会に生み出すためには、人間の個人の力では足りません。たとえば芸術家は、個人的な力を発揮しているようにみえるでしょう。でも、やはり人間関係のなかにいます。芸術家仲間や、別の世界の仲間との交わりをもっていますよね。あるいは、芸術を受けとる人がいる。人間関係のなかにいなければ、社会のなかにいないということなんです。社会のなかにいない、孤立した状況で生み出されたものは、社会に価値を生み出す芸術にはならないんですよ。プロダクト。価値を生み出す力は、親密性によって高まるんです。その親密性の獲得が、この時期のテーマです。

いい仕事は、親密性から生み出される

職場にいるときが、まさにそうですよね。職場の同僚とどれくらい、親密に連帯感をもって働けるか。そのことと、仕事の結果を出すことには、関係があるでしょう。そして、結果を出すことが、多くの場合、社会に価値を生み出すことにつながりますよね。

第四章でお話ししたサリバンの考えを、いま一度紹介しましょう。人間は、人間関係のなかに自分の価値を見出す。エリクソンも同じようなことを言っています。友情を感じる相手、共感できる相手、競争する相手。それらすべてに意義がある。そういう相手との関係のなかから、私たちは社会に価値を生み出してい

く。それがエリクソンの考えです。

この連帯性のなかで、相手のために自分を与えることが、ひじょうに重要だとエリクソンは言っています。それができるのが、本当の意味での親密性なんです。自分自身を丸ごとかけることのできる相手に恵まれているかどうか。そういう相手は、こちらのことを同じくらい信頼してくれているものです。信頼には同じくらいの信頼が、不信には同じくらいの不信が返ってくるんですよね。

みなさん、**ご自分の仕事を振り返ってみてください。本当にいい仕事ができたと感じたとき。親密な関係のなかで作業をしませんでしたか。いっしょにその仕事をした人に、あなた自身をかけるようにして、信頼をよせませんでしたか。**親密性と生産性を、ご自分の仕事に照らしあわせて、考えてみてください。

ただの恋愛ではなく、人生をかけられるくらいの関係に

自分自身をかけることのできるような親密性。もうひとつの例をお話ししまし

ょう。結婚です。健康で幸福な人生に、結婚が必ずしも必要だとは申しません。けれど、相手のために自分をかける、あるいは与えるということの、もっともわかりやすい例のひとつは、結婚なんです。

結婚するときには、相手のために自分自身をかけてもいいかと考えるでしょう。そして相手にかけることを決断して、実際に結婚したあとには、家庭をつくり、社会に価値を生み出しますよね。**結婚は、ある意味ではかけなんです。相手にかけることで、はじめて生み出せる価値がある。**親密性があって、はじめて生産性が高まるんです。結婚を思い描くと、おわかりいただけるでしょう。

もちろん、結婚とかけは、まったく同じことではありませんよ。結婚を、競馬の馬券を買うことと同じだと言っているんじゃないんです。結婚しようという決断と、あの馬にかけてみようかという気持ちは、おおいに違う。それはわかっています。けれど、どこか相通じるものもあるんです。結婚はかけだと言える部分もある。人生をかけていると言って、間違ってはいないでしょう。ふつうの恋愛と、結婚とでは、かけるものが違うことを、みなさんも実感されるでしょう。

大切な人が友達から仲間になり、そして家族になる

エリクソンは、各時期の危機的な主題を見出してライフサイクル・モデルを描きましたが、それは結局、その時代にあった人間関係を満たしていくということに尽きるんですよね。エリクソンは人間関係をひじょうに重視しています。

エリクソンだけではありません。精神科医に、人間関係を大切に考えないという人はいないですよね。サリバンもその典型です。彼は、人間は自分の存在や意味を人間関係のなかにしか見出せないんだと言いました。自分の価値をこころひそかに実感している人は、自分とまわりの人との人間関係に満足している人でしょう。人間は、人間関係のなかに幸福を感じるんです。

自分にとって必要な人間関係は、エリクソンが示したように、時期によって変わっていきます。

乳幼児期には、母親あるいは母親的な人との関係が重要です。児童期や学童期

になると、母親よりも友達といっしょにいようとする。そして中学生くらいになり、思春期・青年期をむかえると、多くの友達よりも、価値観を共有できる少数の仲間や、尊敬できる先生が大切になる。これまでお話ししてきたとおりです。

母親から友達へ、そして仲間へ。成人期には、仲間や同僚に加えて、新しい家族との関係を築きはじめます。仲間のなかから、自分をかけられるような相手をみつけて、結婚をする。すべては人間関係なんです。

親しさそのものに大きな価値がある

家庭でも職場でも、親密な人間関係を築くことができれば、力になりますよね。夫婦の関係。上司や部下との連帯性。取引先とのつきあい。そういうものが、どれくらい親しくできるか。それが、社会に価値を生み出す力になる。

親密な家庭は、よい家族を生み出していきます。子どもがひとつの大きな価値になりますが、子どもが生まれるということだけではありませんよ。子どもがいる、いないにかかわらず、よい家族ができていくでしょう。生産性というのは、精神的な価値も含んでいます。家庭をつくり、夫婦ともにこころの安定を得て、社会に貢献することは、おおいに価値を生み出していますよね。

連帯性のある職場では、いい仕事ができる。これも、単純に業績があがるというこことだけではないんです。働いている人が満足できる。職場の人間関係が悪いストレスにならない。仕事に誇りが感じられる。そういうことにつながっていくんです。いい仕事とは、そういう意味です。そのことが、社会にどれほど貢献するか。社会をどれだけよくしていくか。おわかりいただけるでしょう。

社会に価値を生み出すということ。物理的なこと、経済的なことだけではありません。精神的なこと、目にみえないことも含めて、価値なんです。

東日本大震災のあと、人々が絆を求めたわけ

二〇一一年に東日本大震災が起こりました。想像を絶する被害が出ています。

私は、被災地で自閉症の子どもや発達障害の子どもが、環境の変化に強い苦痛を感じていることを伝え聞きました。接し方や環境のつくり方しだいで彼らが落ち着くことを、私はよく知っていましたから、被災地の自閉症協会の方々にそういうことをお伝えしたり、新聞に寄稿したりしました。

自閉症や発達障害の子には、しかるよりも、肯定的に「こうすればいいよ」と伝えてあげるのがいいんです。絵をみせながら話してあげればなおいい。そう意識するだけでも、落ち着きは変わってきます。このことをはじめとして、私はさまざまに、分相応な形で、支援をつづけています。つづけているつもりです。

あの震災が起こったあと、新聞報道などで、人々のむすびつきが強くなったと言われています。緊急事態のなかでは、人間の関係性が深まると言われます。私は東京に住んでいますが、被害の中心地ではない東京にいても、そのことは実感します。

大きな災害が起こったとき、私たちはひとりではいられません。あの日以来、余震も何度も起こっています。私自身、そのたびに不安におそわれますよ。でも、家族が支えになりましたよね。家族がそばにいてくれることが、あらためて幸福だと感じています。

新聞やテレビでも、そういう報道がいくつかありました。震災が起こってから、近所の人と長時間おしゃべりをするようになったという人がいました。それまでも、けっして疎遠ではなかったそうです。あいさつはよくしていた。それが、震災のあとには、おしゃべりをする仲になった。災害への不安や、生活の変化を話したんでしょう。

震災を機に結婚を決意した人が大勢いるという報道も、目にしました。具体的な数字は知りません。でも、実感としては、わかりますよね。もともと親しくしていたんでしょう。けれど、不安を強く感じる状況では、親しい人をより身近に感じていたいという感情がわいてくるのでしょう。そう思います。

あの日以来、私たちは家族や友達、近隣の人々との人間関係をより強く求めるようになりましたよね。それまでの生活で自分たちが失っていた豊かな人間関係を、とり戻すようにして求めました。いまも求めています。人間関係がこころを健康に、幸福にしてくれることを、みんな実感としてわかっていたんだと思うんです。

人間関係のストレスは、人間関係のなかで癒される

人間は、人間関係を失ったら健康には生きていけません。サリバンが、それを教えてくれました。人間関係しだいで、人は幸福にも不幸にもなります。関係を失うのがいちばん不幸ですが、たとえ人間関係があっても、それが不健全な関係であれば、必ず不幸な状態に陥っていきます。

子どもを自分の思いどおりにしようとして、厳しくしかりつけている親のもとでは、子どものなかに基本的信頼は、自律性は、育っていかないでしょう。自分を信じられない。自分を律することができない。不幸な育ちになっていきますよ。親子の人間関係がたとえあっても、不健全な関係ではいけないんです。

不幸な人間関係のなかにいると、ストレスを感じます。だけどそれは、別の豊

かな人間関係のなかで、癒されるんですよね。学校で、職場で、いい人間関係に恵まれず、苦しんでいるとき、支えになるのは家族や仲間でしょう。家族の待つ家に帰り、おしゃべりをしていると癒される。どこかで仲間と食事をともにすることでも癒される。いっぽう、ひとりで住む家に帰った場合には、ストレスがより大きくなることはありませんが、ストレスを癒すことにはなりませんよね。

いま、ストレスを生み出すばかりの時代になってきました。それは、人間関係がストレスを癒すことができなくなった時代なんですよね。**親密性を失った。だからストレスがいろいろな程度に癒されないまま、じりじりと大きくなっている。私たちは豊かな人間関係をとり戻さなければいけない。**そう思います。

幸福な人は、幸福な人間関係をもっている。人間の幸福度の質が、人間関係によっていると言っていいと思うんです。

日本は、世界一孤独な国になってしまった

人間関係が、幸せに生きるための重要なポイントだと申し上げてきました。しかしここで、悲しい事実をお知らせしなければいけません。

ＯＥＣＤが研究報告のなかで、日本人は人間関係が世界一下手になったと言いました。調査対象二〇ヵ国のなかで、日本人の生き方が突出して、孤立度が高い。世界一、孤立性の高い生き方をしているのが日本国民じゃないかと、ＯＥＣＤは率直に指摘したんです。

二〇〇五年の報告ですから、東日本大震災のあと、いまの社会のことではありません。しかし、私たち日本人は、孤立を指摘されていたんです。そのことは、みなさん実感されていると思います。

いまあらためて考えてみてください。ご近所と親しいおつきあいがありますか。親類縁者とのおつきあいは、以前に比べて減っていませんか。友達と親しい

「社会的孤立」調査で世界一

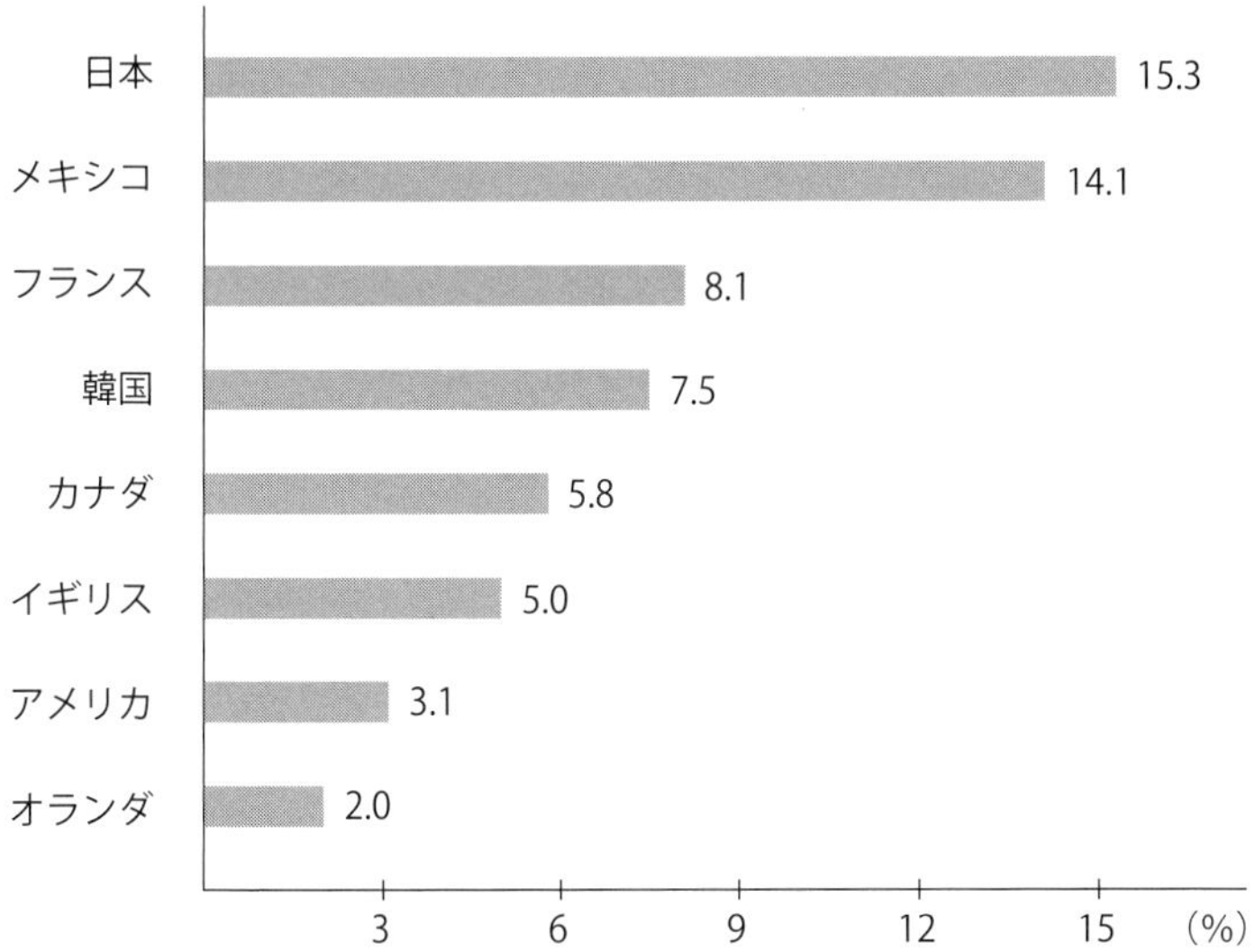

友人や同僚、社会的なグループの人々との付き合いがない、もしくはめったにないと回答した人の比率。OECDの発表より8ヵ国の数値を抜粋。日本は調査対象20ヵ国のなかでもっとも数値が高かった

平均値との比較	日本	OECD平均
友人との付き合いがない／めったにない	30.1%	11.2%
同僚との付き合いがない／めったにない	32.3%	27.8%
社会的グループとの付き合いがない／めったにない	62.2%	41.7%

出典：SOCIETY AT A GLANCE：
OECD SOCIAL INDICATORS 2005 EDITION

交わりがありますか。そして家族との関係はいかがですか。

自由な生き方をしてきた結果が孤独だった

私は精神科医をしていますから、家族や人間関係に関心をもって仕事をしますでしょう。そうすると、社会の変化、とくに人間関係の大きな変化、風潮のようなものに対して、敏感になるんですよね。

近年、日本人が自己愛を強くしてきたことを感じます。自分の楽しみを中心にして、自由に生活したいという人が多いでしょう。私はそのことを『子どもへのまなざし』という著書にも書きました。一九九八年の本です。そのとき、五年後、一〇年後にはその傾向が強くなるだろうとも書きました。残念ながら、本当にそうなってしまいました。いま、私たち日本人は、家族や親戚と、友達と、ご近所と、親睦を深められなくなってきましたよね。

成人期をむかえながら、結婚をしようとしない。あるいは、結婚をしてもすぐに離婚をしてしまう。それも、自己愛の拡大、人間関係の大きな変化の延長線上にあることだと思いますよ。私たちは、人との関係にやすらぎ、くつろぎ、いこい、喜びが見出せない国民になってきました。

誰も、そんなことをめざしたわけじゃないんですよね。みんな、家族を大切にしようと思っていますよ。でもそれ以上に自分の自由を求めてきたでしょう。あえてきびしい言い方をすれば、自分勝手に生きようとしてきた。みんなでそうやって生きてきた結果が、世界一孤独な国という調査結果ではないでしょうか。私たちは、おおいに反省しなければいけない。そう思います。

自分が生きることだけに一生懸命にならないで

自分が生きることに一生懸命になるのは、けっして悪いことではありません。それはそれで、いきいきとした生き方ですよ。

だけど、自分が生きること「だけ」に一生懸命になってしまうのはいけない。

自分だけということになると、意味がまったく変わってきます。

サリバンが言うように、**人間の本当の幸福というのは、人間関係のなかにしかないわけです**。それを軽視して、自分の希望、自分の満足だけをみつめていても、幸福にはなれませんよ。そうでしょう。誰があなたを認めてくれますか。誰がストレスを癒してくれますか。ひとりで社会に価値を生み出せますか。ひとりではできないんですよね。孤立すること。それが成人期のつまずきです。

人と交わることがわずらわしくなってきた。ほうっておいてもらうほうが、気安く楽に生きていける。だからそれを優先してきた。すると、今度は人と交われなくなってしまった自分に息苦しさを感じるようになった。最初は気安さを求めた。それが息苦しさになってきた。これは、順番が逆かもしれません。あるいは、同時並行的に起きてきたことなのかもしれない。それはわかりません。息苦しいから、気安さを求めたということもあるでしょう。それは現代の日本の、不幸な一面だと思いますね。

人と交われば、どうしたって気をつかいますよね。それがわずらわしくなってきてしまった。そして自分が生きていくことにも不安や苦痛を感じるようになってきた。そういう状況がもとに戻せない。どうしようもなくなってしまった。そういうことが人間関係のいろいろなところに広がっています。

親しさを大切に、親しさのなかで癒されて

もう少し、自由に自分勝手に生きたい。そんなことをしているうちに、私たちは人間関係を営む力を失ってしまった。そのひとつの表れが、晩婚化、非婚化でしょう。次の命を産み育てられなくなった。次の時代のためになにをするかという視点をほとんどもたないで、日々を生きることになってきた。そういう傾向があると思いますよ。それがつらいです。

晩婚、非婚にはいろいろな事情があるのでしょう。でも、多くの人が自然に結婚し、何人かの子どもを産むことがふつうにあって、なかには晩婚を選ぶ人、結婚しない人がいるというのならいいですよ。いまはそうじゃないでしょう。全体

が晩婚、非婚になってしまったときには、生き方の質、人間性の質が問われますよね。

日本人は、自分を大切に生きている。でも、本当は人から大切にされながら生きなければ、自分というものは、大切な存在にはなっていきません。みなさん、おわかりでしょう。**人間は、孤立したまま幸福になることはできない。けっしてできない。人の幸せを考えながら生きることが必要なんです。**そういう感情をとり戻したいですよね。

成人期のつまずき。孤立してしまうこと。孤独な生活になること。それを解消するために必要なのは、親しさですよ。人間は親しみを感じることで、喜びを感じるんですよね。たとえば私は新聞や雑誌の取材をよく受けますが、初対面の方とおしゃべりをするときと、何度もお会いした記者や編集者と会うときは、違います。何度もお話しした人との間には、親しさがあるでしょう。それが喜びにつながるんです。

家族や友達に、そしてご近所に、同僚に、ふだんは会わない親類縁者に、わずらわしいという思いをどこかで感じながらも、親しさもしっかりと抱いて、あれこれと交わりをもつこと。そのくり返しによって、孤独は少しずつ解消していきます。喜びが少しずつ増えていきます。その先に、自分をかけることのできる相手がみつかるでしょう。私たちには、人間関係のなかでくつろぐ努力が必要です。少しわずらわしいと思っても、努力して交わりつづけることです。

乳児期など、幼いころからのつまずきがある人は、わずらわしいというより、他人のことを十分に信じられなくて、孤独な生活をしていることがあります。その場合も、結局は人間関係の問題です。人間関係を築きなおすことなんです。

成人期をむかえているみなさん。あなたはいま、誰に親しさを感じていますか。親しさを感じる相手が何人もいますか。そういう相手が減ってきていませんか。もしも減ってきていたら、それだけ危機は近いですよ。親しさを大切にしてください。親しさのなかで社会に価値を生み出す生活、親しさのなかで癒される生活をしましょう。

第九章

壮年期

過去と未来をつなぐ架け橋になる

三六～五五歳のテーマは「世代性」を生きること

やがて壮年期に入ります。中年という言い方もします。目安としては三六歳から五五歳までと示されていますが、いまの日本の社会に対して示された目安ではありませんから、何歳からと考える必要はありません。私は七七歳になりましたから、成人期、壮年期とは言っていられないと思っているんですが、みなさんは三六歳をすぎていても、まだまだ若い成人期と思っていただいていいと思います。

壮年期のテーマは、世代性を生きることです。前の世代の人から、その人たちが生み出した文化を学び、継承する。そしてそのうえにさまざまな業績や創造をつみ重ねて、新たに生み出したものを、自分たちが生きたあかしとして、次の世代の人たちに譲り渡す。こういう生き方ができたときに、幸福な壮年期をすごせます。エリクソンはジェネラティビティと言いました。壮年期に私たちは、世代性を生きているんです。

世代性とは先人に学び、後進にたくすこと

世代性を生きること。私は勤務先の大学で、学生たち相手によくこういう話をするんです。

学生や研究者は論文を書きます。卒業論文、修士論文、博士論文。博士になってからも、研究して論文を書きますよね。学生も学者も、研究をするときには必ず、その分野の先行研究を学ぶんです。先人が過去になにをどこまで研究しつくしたか調べる。そして、ここから先は誰も手をつけていないというところを確認する。そこに、自分の研究課題を見出すんです。

先行研究から学ぶ。そのうえに自分のプランをつくって、研究して業績をあげる。その結果を学会で発表したり、学術専門誌に論文を書いたりして、次の時代の人たちのために足跡を残す。これは立派な世代性の生き方ですよ。そういう研究をしてほしいと、私は学生たちによく話すんです。

研究者や教育者は後進に対して、ここまでの研究はすでになされていると伝えますよね。ここから先、きみならこういう方面にいったらどうだと指導をするでしょう。指導をつづけていって、やがて引退していきます。そのとき、自分の業績を引き継いでくれる次の世代に恵まれていれば、それは幸福な生き方ですよ。そうですよね。エリクソンはそういう幸福な生き方のことを、世代性を生きると言いました。見事な洞察です。

ほかの仕事でも同じですよね。農業を営む人たちは、最初は先人がやってきた農耕のやり方をそっくりまねるでしょう。種のまき方、稲の植え方、それを生育させる方法。実りがあったときの収穫の仕方。先人がやったことをそのまま学びますよね。

何年もやっているうちに、改良を加えるようになります。自分でも思いつくでしょうし、ほかの人の話を聞いて、とり入れることもあるでしょう。そしてそれを進化、発展させようとしますよね。ある時期まで発展をめざして、やがて、ここまでは自分の時代にできたというものを、後継ぎに残す。そして引退する。どの仕事にも、あてはまる部分があるでしょう。世代性のある生き方です。

たとえば両親から、なにを引き継いできたか

なにげない日常生活のなかで、世代性を感じることもありますよ。壮年期の夫婦が、子どもを育てながら、どちらかの両親と同居していたりすると、世代性というものが、ひじょうによくわかります。

私がちょうど、そういう生活をしていたんです。私は家内と三人の息子、そして自分の両親と、同居していました。

高齢の両親、子どもたちにとってはおじいちゃん、おばあちゃんですが、彼らとともに暮らしていると、冠婚葬祭のような、日常的でない問題が起こったときに、こんなときはどうしたらいいだろうと相談できるんですよね。私たち夫婦は、よく相談しました。高齢の両親は、過去にどうしたという話をしてくれる。参考になりましたよね。

両親が「自分たちはこうしたけれど、好きなようにやったらどうかね」と言うこともありました。それを聞いて私たちも「いまの時代にはあわないかな」「少し省略して、別のこういうことを入れよう」なんて言ってね。

前の時代の人たちの意見を、よく聞きました。家内の両親も小一時間で行ける距離に住んでいましたから、おりにふれて訪問したり、あるいは電話で相談したりしました。私の両親、そして家内の両親から、さまざまなものを引き継ぎました。物理的なものもありますが、それ以上に、精神的な文化を引き継ぎましたよね。そういう実感があります。

引き継いだものになにを上乗せし、あとに残せるか

月日がたつと、今度は私の子どもたちが、そういうことを私たちに聞きにくるようになりました。次の時代を生きる人たちから、いろいろと問いかけられる。

前の世代から学んだことや、それを自分たちがどのように考えたか、答えま

す。子どもたちが私たちの答えをそのまま引き受けるか、一部変更するか、おおいに変更するか、それはさまざまでしょう。私たちがそうであったように。

壮年期にはこのようにして、前の世代から引き継いだものを、次の世代にゆだねていくわけです。仕事の場でも、家庭でも、世代性を生きることを、みんながしていきます。そして日進月歩しているわけです。それをもっとも豊かに感じとるのが、壮年期なんです。世代性を豊かに感じとり、そしてそのことに幸福を感じる。壮年期とは、そういう時期だとエリクソンは言いました。

つないでいくものは物理的な財産ではなく文化

子どもに大きな財産を残すとか、そんなことではありません。残すのは、精神的・文化的な遺産がいいんです。物理的なものや金銭的なものも当然残すのでしょうけど、それ以上に、精神的なもの、文化的なもの、そして人的なものが、さらに大きくあるでしょう。財産、遺産というより、足跡といったほうがいいかもしれません。

具体的にひとつの例をあげれば、子どもを産み、子どもを育てたということがそうですよね。立派なことですよ。成人期に社会に価値を生み出し、壮年期をむかえて、子どもにさまざまなものをたくし、あるいは残していくわけです。ただ子どもを産んだというだけではありません。その子を育て、文化を教えますよね。文化が引き継がれていく。その精神的・文化的な価値です。そうやって、世代性を生きられることの喜びを、壮年期に私たちは感じるんです。

子どものいない人も、年を重ねるにつれ、自分よりも年下の人にさまざまなものを渡すでしょう。部下がいれば、仕事のあれこれを伝えますよね。趣味的な活動のなかで、後輩に教えることもあるでしょう。

世代のつながりのなかで、倫理が生みなおされる

エリクソンは世代性について、もうひとつ重要なことを言っています。人間関

係の連鎖、世代性のなかで、倫理が生みなおされる。そしてそれが継承されていく。これもエリクソンの重要な思想と発見のひとつです。

世代間のつながりを失った社会では、倫理はほろびていきます。近年、世代間のつながりが、だんだん弱くなってきましたよ。成人期のところでもお伝えしましたが、それぞれが自分勝手な生き方をしているでしょう。前の世代から学ぼうとすることが少なくなっている。自分たちだけでなんでもできると考える人が増えた。だから倫理も連鎖されていかない。私たちの社会では、倫理がほろびてきましたよ。

たとえば「おふくろの味」というものがありますね。母親がつくってくれた料理。その味を体が覚えている。昔は母親が元気なうちに、おふくろの味を教わったものです。そうやって、食材の使い方、栄養のとり方、地域の伝統的な料理を引き継いでいました。近年は、そういうやりとりが減ったと言われています。

母親たちが、伝えたくなくなったわけじゃないんですよね。伝えにくくなったんだと思います。世代間のつながりが失われて。いっぽうの若い人たちも、母親にこころよく聞けなくなった部分があるでしょう。気軽に聞けない。母親をわずらわしく思ってしまう。食事は自分ひとりでどこかに食べに行けばいい。買ってくればいい。そういう食卓が増えているんじゃないでしょうか。

親しさが世代をつなぎ、倫理をつなぐ

祖父母が両親のする育児に口出しをしなくなってきたという話もあります。両親の考えを尊重していると言えば聞こえがいいですが、それは、踏みこむことに遠慮しているんですよね。遠慮するということは、裏を返せば、それほど親密ではないということです。親密ではない。だから口出しができない。関係が疎遠になり、役立つはずの子育ての知恵が伝えられない。世代間のつながりがなくなり、倫理がほろびるとは、そういうことです。

私たち夫婦は、どちらの両親ともよく会いました。それは本当にいいことだったと思っているんです。よく会っていましたから、互いに親しみを感じていまし

た。無理に遠慮をすることがありませんでした。思ったことをわりあいに、思ったとおりに言えました。どちらの両親にも、頼れるところは頼りました。あてにしました。無理に遠慮をしない。適度に踏みこめる。互いに信じあっているから、そういうことができたんですよね。

そういう信頼関係が、いま弱くなっているでしょう。俗な言い方をすれば、祖父母と両親が仲良くなくなっているんですよね。同居している場合、近くに住んでいる場合、離れて遠くに住んでいる場合。いろいろあるでしょう。でも近いか遠いかという距離の違いだけではない。同居していても、近くに住んでいても、親しさがなければ、必要以上の遠慮が出てきますよ。親しさがない。仲がよくない。そうなると、祖父母は孫の育ちに対して、安心して口出しすることができないんです。一見、祖父母と両親がよく会話をしているようでも、じつは安心して言いたいことを言っているわけではないんです。

祖父母というものは、自分の子どもと親しければ、その子どもである孫に対して、安心して口を出せます。手をかけても大丈夫だと思っています。自分の子ど

もたち夫婦を信じているからです。わが家ではそうでした。

祖父母から両親、子どもへと倫理は引き継がれる

私の父は、親戚の家に行くときには、孫を連れて行きたがりました。いつも孫を連れて歩くことが、私の父にとっては喜びだったんですよね。それが孫にとっても喜びだった。まあ、お菓子かなにかを買ってもらって、それもあって喜んでいたんでしょうけど。

祖父母と両親が親しいときに、祖父母は孫と親しくなれるんです。それがある程度つづいていくことが、世代間のつながりになるでしょう。反対に、それが失われるのが世代間の断絶ですよね。そのときに倫理も消滅していく。世代間のつながりのなかでは、その時代時代に倫理が生みなおされていく。

いまは、夫婦間の断絶、親子の断絶、そして親になった人と高齢の両親との間の断絶が、問題になっているでしょう。親子の関係のなかで暴力をふるったりす

る。暴力は、最悪の人間関係ですよ。倫理がほろびた結果のひとつですよね。

祖父母と親しくすごした孫は、祖父母の世代の倫理、そして両親の世代の倫理を引き継ぎます。各世代のことをよく知っていますから、自分勝手に、なんでもひとりでやろうとしませんよね。祖父母にたずねる。両親に聞く。そういうことが、自然にできるようになっていきます。さらに、引き継いだ倫理を、なにも言われなくても自分で守れるようになっていきますよ。

一人ひとりが世代をつなぐ架け橋になって

ある日、知床半島《しれとこはんとう》のさまざまな動物たちが命をつないでいくテレビ番組を、家内といっしょにみていたんです。動物たちは、自分が生きることと、次の世代の命を残すことに精根尽き果てるほど努力していました。

私は、人間としていちばん大切な役割は、次の時代を生きる人のことを考えながら生きることだと思っているんです。次の時代の人がより幸福に生きやすくなるように、なにかを残すことこそが、価値ある生き方や仕事ですよね。

次の時代を生きる子どもを残していくこと。何人も子どもを産まなければいけないなんてことではないですよ。よその子どもを育てるたすけをすることにも価値があります。次の命をはぐくむ。次の命がすこやかに生きて暮らしていけるような社会をつくる。そこに価値があるわけです。

世代性を生きるということは、次の時代を考えるということでもあります。一人ひとりが知床半島の動物たちのように、次の世代のために力を尽くす。前の世代から教わったことをしっかりと実践する。そうすることで、自分自身が満足できる。そういう生き方が、壮年期の幸福をつくります。そして、最初にお話しした、老年期の人生のしめくくりにもつながっていくわけです。

私たちは、ひとりでは幸せになれません。両親に、子どもに、そのほかさまざまな人に親しさをもって、世代をつなぐ架け橋になるようにして、生きていくことで、壮年期を豊かに、幸福にすごすことができるのです。

エピローグ

最初はエリクソンの理論を実感できなかった

エリクソンのライフサイクル・モデル。八つの危機的な主題。いかがでしたか。みなさん、ご自身の人生にあてはまることがありませんでしたか。

私がこのモデルを最初にしっかりと学んだのは、四十何年も前でした。そのときにも、なんともいえない、奥深く壮大な理論だと思いましたが、その真実性を十分に実感できていませんでした。言ってしまえば、「人生ってそんなものかな」という程度の認識でしたよ。乳児期の重要性や、各時期のテーマを本当の意味で理解できたのは、ずっとあとになってからです。

留学先のカナダから帰国して、臨床医として働きはじめ、たくさんの子どもたち、その家族たちに会って話を聞くようになってから、はじめて、このモデルが人間の人生を、その幸福と不幸を、健康と不健康をはっきりと描き出したものだということの理解を深めたんです。子どもたちの人生は、エリクソンが指摘したとおりに、乳児期や幼児期のつまずきの影響によって、危機をむかえていました。ライフサイクル・モデルは真実だと、あとになって気づいたんです。

すぐに実感できなくても頭に残しておいて

みなさんも、この本を一回読んで、エリクソンの考えがすっかり頭に、こころに入ってくるということはないと思うんです。いま成人期の方は、成人期のところはよくわかるかもしれません。でも、それ以前のことや、先々のことは、なかなか実感できませんよね。

すぐに実感できない、すぐに理解できないのは当然です。それでいいと思うんです。でも、ライフサイクル・モデルのことを、頭に入れておいてほしい。こころにとめおいてほしいんです。そして、おりにふれて振り返ってみてください。人間関係に悩んだとき。人生の転機をむかえたとき。そういうときに、このモデルが必ず役に立ちますよ。

幸せな生き方とは、感謝ができるということ

エリクソンがどの時期についても共通して言っているのが、人間関係が重要だということです。母親との関係。友達や仲間との関係。これまでお話ししてきたとおりです。人間関係が、人間の幸せを決めるんですよね。

幸せな人間関係をつくることが、幸せな人生をつくることにつながっていく。人間関係は基本的信頼からはじまり、喜びの分かちあい、そして悲しみの分かちあいへと広がっていきます。やがて価値観の共有が関係を深め、自分の人生を相手にかけられるくらいの親密な関係がつくられます。そして最後に感謝です。自分の人生に感謝できて、相手と感謝しあえる人間関係のなかで、人は健全な老年期をむかえます。

まわりの人に感謝ができること。それほど幸せなことはありませんよ。幸福な、健全な人間関係のなかで生きているということでしょう。健康に生きている

人は、年齢を重ねるごとに感謝の気持ちが強くなっていきます。幸せに生きていることへの感謝ですよね。そして、感謝できることに幸せを感じるんです。

大切なのは時間やお金ではなく、健康なこころ

幸せな人間関係をつくるために必要なのは、お金ではありません。時間でもありません。こころです。こころをかけること。こころをつかうことです。

食事のことを考えてみてください。どんなにお金をかけたごちそうでも、ひとりで食べたって、そんなにうれしくないでしょう。楽しくないでしょう。分かちあいがないですよね。たっぷり時間をかけてつくった料理も同じです。つくる相手がいなければ、楽しくないですよね。

楽しい人間関係があって、家族や仲間と食卓を囲んでいるときが、楽しいでしょう。食べる人のことを考えて、食事を用意する。そして用意してくれた人に感謝する。楽しくおしゃべりをしながら食べる。そういう分かちあいに、私たちは

喜びや幸せを感じるんですよね。

食事以外のことでも、みんな同じです。お金や時間じゃないんです。母親がいつも見守っていてくれる。友達とあれこれと学びあい、教えあいながら遊べる。価値観のあう仲間とともに活動ができる。恋人と、高齢の両親と、子どもと、よいつきあいができる。そういうやりとりが、そのときのこころづかいが、私たちの幸せのもとなんですよね。

誰もが、健康で幸福な人生を送れるように願って

みなさんおわかりでしょう。幸せには、お金も時間も必要ないんです。お金や時間は、あればあったでいいものですよ。それは確かでしょう。でも、それだけでは幸せにはなれない。そうですよね。みなさん実感されていると思います。

健康で幸福な人生に必要なのは、人間関係です。喜びも悲しみも分かちあえる、豊かな人間関係です。そしてそれをつくるためには、お金も時間もかからな

いんです。家族を信じること。友達を求めること。人のなかでくつろぐ努力をすること。そういうことのつみ重ねで、幸せが生まれます。

日本は孤立度の高い、人間関係の失われた国になってきてしまいました。私たちには、もっと分かちあいが必要です。相手への信頼が必要です。親しさが必要です。そのことを、ライフサイクル・モデルを参照しながら、考えていってください。そして、日々の人生にいかしていってください。私たち一人ひとりが幸福に生きましょう。日本を幸福な国にしましょう。人間関係を、コミュニケーションをより豊かなものに回復させましょう。誰もが、健康で幸福な人生を送れるように願って、お話を終わります。

おわりに

この本は、語り下ろしの一冊です。私が編集者にゆっくり語るというやり方でつくりました。その際、ただエリクソンの考えを解説するのではなく、自分の半生を振り返りながら、楽しく自由に語らせてもらいました。

しかし、そうして語り終え、校正の段階になると、たいへん雑多な作業が数多くありました。編集を担当したオフィス２０１の石川智氏には、多くのご苦労をおかけしました。感謝の言葉もないほどです。

また、この本をつくるきっかけとなった、エリクソン関連の勉強会は、ファミリーコンサルタント協会の鶴留美紀さんのご提案とお世話によってはじまり、継続したものです。そのこともしっかりと記して、お礼を申し述べておきたいと思います。

昭和一〇（一九三五）年生まれの私は、この二〇一二年に、喜寿をむかえました。過日、一人前に育ってくれた三人の息子が、長男の奥さんも交えて、楽しい祝いの席を用意してくれました。あらためて、幸福な高齢期が与えられていることを、しっかりと実感しました。

第二次世界大戦がはじまったとき、私は六歳で、まもなく小学生になるところでした。終戦が一〇歳です。当時、国民学校と言っていた小学校の四年生の夏でした。戦前と戦中を経験して、その後の長い戦後を生きてきました。

少年時代、食料もひじょうに乏しく、飢えに耐える日々を送っていました。そのころの記憶や思い出が数々あります。

しかしいま、自分の過去から現在までを振り返ってみると、全体的に疑いなく幸福な半生であったと実感しているんです。そのことは、これまでお話ししてきたとおりです。

エリクソンのライフサイクル・モデルで言う、老年期のただなかにいて、現在を幸福に生きている実感がある。そして、老年期、人生の統合の時期を「感謝」をもって生きていられる。

そのことによって、自分の半生が幸福であったと、あらためて肯定的にとらえることができています。喜びを感じます。

幸福であること。そのことを、自分の努力の結果であると誇る気持ちはありません。そしてまた、けっして謙遜して思うのでもありません。ただただ、長い半生をその時々に、親しく交わる人々に恵まれて生きてきたという事実に尽きると思います。人々に恵まれたという事実を、誇るわけでもなく、謙遜するわけでもないんです。そのことを幸福だと感じ、感謝を抱き、喜びをもっているんです。

私たち兄弟のことをひじょうに大切にする両親と祖父母の愛に恵まれました。小学生のころからずっと、遊び仲間にも恵まれました。その後も引き続いて、いつも親しく交わることのできる友人が何人もいました。そして、国の内外で尊敬できる先生方に出会うこともできました。どの時代を振り返ってみても、たえず人々との親密な交流がありました。

自分の人生のどの時代に、どのような人々と、どのような交わりをしてきたか。そのことが、人生そのものだということを、私は自身で喜びをもって、深く実感しているのです。


「人間は孤独には耐えられる。ときには思索などのために、一時的な孤独を必要ともする。しかし、孤立したら生きられない」とは、カナダに留学した時代に、クライン教授から教えられたことです。マクターゲット教授も、同じようにおっしゃっていました。先生方は「人を大切にしながら生きなさい、人から大切にされながら生きなさい」とも、くり返し語りました。

人は生きるために「水」や「空気」を必要とします。それとまったく同じように、「人」を必要としているのです。

その「人」の意味を、この小さな拙著のなかに、少しでも感じとっていただければ、著者として望外とも言える喜びです。

二〇一二年九月二二日

長く重苦しい夏の暑さが、少しやわらいできたことを実感しながら

佐々木正美

｜著者｜佐々木　正美
児童精神科医。1935年、群馬県生まれ。新潟大学医学部卒業。ブリティッシュ・コロンビア大学児童精神科、東京大学精神科、小児療育相談センター、川崎医療福祉大学などで子どもの精神医療に従事。専門は児童青年精神医学、ライフサイクル精神保健、自閉症治療教育プログラム「TEACCH」研究。糸賀一雄記念賞、保健文化賞、朝日社会福祉賞、エリック・ショプラー生涯業績賞などを受賞。『子どもへのまなざし』（福音館書店）、『TEACCHプログラムによる日本の自閉症療育』（学研教育出版）など育児、障害児療育に関する著書多数。本書ははじめての人生論となる。

あなたは人生《じんせい》に感謝《かんしゃ》ができますか？
エリクソンの心理学《しんりがく》に教《おし》えられた「幸《しあわ》せな生《い》き方《かた》の道《みち》すじ」　こころライブラリー

2012年10月29日　第1刷発行
2025年10月24日　第12刷発行

著　者　佐々木《ささき》　正美《まさみ》
発行者　篠木和久
発行所　株式会社講談社
東京都文京区音羽二丁目12－21　郵便番号112－8001
電話番号　編集　03－5395－3560
販売　03－5395－5817
業務　03－5395－3615
印刷所　株式会社新藤慶昌堂
製本所　株式会社若林製本工場
本文データ制作　講談社デジタル製作

KODANSHA

ISBN978-4-06-259709-8
N. D. C. 140　253p　19cm